동경현지촬영

미녀통역사와 함께하는
일본어 첫데이트

미녀통역사와 함께하는 일본어 첫데이트

2009년 9월 10일 초판 1쇄 인쇄
2009년 9월 21일 초판 1쇄 발행

지은이 | 박소영, 함수진
펴낸이 | 이종춘
펴낸곳 | 🌸 성안당
주　소 | 경기도 파주시 교하읍 문발리 출판문화정보산업단지 536-3
전　화 | 031-955-0511
팩　스 | 031-955-0510
등　록 | 1973. 2. 1. 제13-12호
홈페이지 | www.langfac.com/www.cyber.co.kr
수신자부담 전화 | 080-544-0511
내용문의 | 02-3142-0037

ISBN 978-89-315-7411-1
정가 14,000원

이 책을 만든 사람들
기획 총괄 | 조병희
책임편집 | 양나경
편집디자인 | 박정현
일러스트 | 김혜선, 문지원
홍보 | 박재언
제작 | 구본철

머리말

자, 먼저 질문 하나!
저자가 일본어 통번역사로, 강사로 활동하면서 가장 많이 받는 질문은 뭘까요?

'일본어 어디서 배웠어요?', '통역은 어렵지 않나요?' 또는 '수입은 얼마에요?'와 같은 질문이 물론 많지요. 하지만 이보다 더 많이 받는 질문이 하나 있는데요, 바로 '일본어 어떻게 하면 쉽게 배울 수 있어요?' 라는 거에요.

그래요, 우리 모두의 바람이죠. 쉽고 빠르게 배우는 지름길 찾기! 이 책을 손에 집어 든 여러분 중에는 일본어를 난생 처음 접하는 사람도, '난 히라가나만 10년째야' 라는 사람도 있을 거에요. 하지만 여러분의 공통된 마음은 역시 '일본어를 배우고 싶어' 라는 것, 그리고 이왕이면 좀 더 '쉽게 배우고 싶어' 하는 바람이 아닐까요?

그런데 외국어 공부에는 왕도가 없다고들 하죠. 일본어를 익히려면 우선 글자를 알아야 하고, 발음 연습에 단어는 필수, 지루한 문법공부는 끝이 없고 게다가 예외에 변형까지 등장하기 시작하면 한숨이 나올 거에요.

가장 중요한 것은 뭐니뭐니해도 일본어를 배우겠다는 열의와 열정이에요. 하지만 문법 설명은 무슨 수학 교재 뺨 치게 딱딱한데다가 예문은 철수와 영희가 등장할 법한 고리타분한 설정에, 한 장 한 장 넘기는 게 고역에 가까운 책으로 공부를 하다 보면 불타오르던 열정도 하루 이틀 사이 금세 시들고 말겠죠?

그렇기에 열정과 버금가게 중요한 것이 바로 교재 선택! 우리의 흥미를 끊임없이 유발시켜 주고, 다음 페이지는 어떤 내용이 나올까 궁금해서라도 책에서 눈을 뗄 수 없는 그런 교재가 있다면 얼마나 좋을까! 저희는 생각했어요. 그런 책과 운명적인 만남을 할 수 있다면, 외국어도 더 이상 공부가 아닌 새로운 일상의 활력소로 다가올 수 있지 않을까? 라구요.

저희가 보내드리는 이 한 권의 책이 당신에게 그런 운명적인 만남이 되기를, 불꽃 튀는 설렘을 선사할 수 있기를 바라며...

2009년 09월
저자 일동

이 책의 구성과 특징

〈미녀 통역사와 함께 하는 일본어 첫 데이트〉는 현재 통역현장에서 활동하고 있는 동시통역사가 집필한 초급 입문용 일본어 교재입니다. 특히, 여성들의 관심사에 초점을 맞춘 본문 내용을 통해 친구와 수다떨듯 편하고 기분 좋게 일본어를 익혀보세요!

이 책은 독자들이 학습서라기보다 잡지를 보는 기분으로 술술 읽어 넘기면서 자연스럽게 일본어를 익힐 수 있도록 구성했습니다. 공부를 해야겠다는 의무감보다는 가볍게 반복해서 읽다보면 어느새 일본어 실력이 업! 되어 있을 거예요.

1, 2과의 문자편은 히라가나, 가타카나와 함께 청음, 탁음, 반탁음, 촉음, 장음 등의 일본어의 발음 일체를 익힐 수 있습니다.

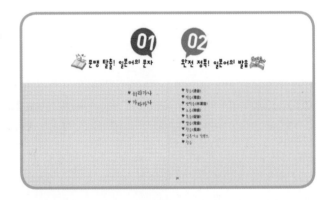

각 과마다 학습목표에 따른 두 가지 상황의 핵심회화가 준비되어 있습니다. 여성들이 쉽게 접할 수 있는 상황들을 엮어 친근감을 더했습니다.

또한 각 과의 첫 페이지에는 주제에 따른 단어들이 등장합니다. 또한, 단어에 대한 이해를 높이기 위해 상황 배경을 그림으로 표현, 각 단어에 해당되는 번호를 그 위에 표기하였습니다.

문법에서는 각 과에서 꼭 알고 넘어가야 하는 문법 사항을 친근한 설명과 함께 적절한 예문을 사용하여 이해하기 쉽도록 하였습니다.

문화 엿보기 코너는 가깝고도 먼 나라 일본만의 독특한 문화를 엿볼 수 있는 일본문화와 가까워질 수 있는 내용입니다.

차례

멀티VCD 활용 방법

「미녀통역사와 함께 하는 일본어 첫 데이트」에는 국내 어느 책에도 없는 새롭고도 특별한 아이템이 들어 있답니다. 국내 최초 멀티VCD를 탑재 일본어 교재!! 집이나 도서관 등 컴퓨터를 활용할 수 있는 곳이라면 어디서든지 책 없이 멀티VCD만으로 본문 내용은 물론 듣기, 동영상까지 활용하여 공부할 수 있고, 지하철이나 버스 등 컴퓨터 사용이 어려운 장소에서는 직접 책을 보며 휴대용 MP3를 활용하여 듣기 연습도 할 수 있도록 MP3 듣기파일도 따로 준비해 뒀답니다.

그럼, 멀티VCD이란 무엇이며 어떻게 활용하면 좋을지 한 번 알아볼까요?

먼저, 책 뒤에 있는 CD를 꺼내 컴퓨터에 넣어 작동시킵니다.
짜잔~! 뭐가 보이나요? 여러분이 가지고 있는 책과 똑같은 내용이 컴퓨터 화면에 펼쳐질 거에요. 「미녀통역사와 함께 하는 일본어 첫 데이트」가 통째로 컴퓨터 화면 속에 들어가 있다고 보시면 돼요.

▶️재생표시가 있는 부분은 화면을 보며 동시에 듣기 연습을 할 수 있어요. 각 과의 맨 처음에 나오는 단어 부분과 핵심회화 부분에 있는 이 ▶️재생표시를 누르면 재생이 되고, 앞으로 뒤로 돌려가면서 반복하여 일본어를 들을 수도 있어요. 본문 내용을 눈으로 보면서 잘 안들리는 부분은 다시 듣고…, 입으로는 계속 따라 읽어 보세요. 이렇게 듣기 연습을 하다 보면 어느새 일본어로 수다를 떨고 있는 여러분 자신을 발견할 수 있을 거에요!

이것뿐이냐고요? 그렇지 않죠~!!
「미녀통역사와 함께 하는 일본어 첫 데이트」만의 특별함은 지금부터 시작됩니다!! 핵심회화 1,2 각 제목의 옆에 보면 비디오 아이콘이 보이죠? 한 번 눌러볼까요? 오른쪽 페이지에 동영상 화면이 나타난답니다. 이 동영상으로 말할 것 같으면, 일본 현지에서 각 상황에 맞는 장소에서 직접 촬영한 것으로, 일본 거리를 직접 걷는 듯한 기분을 느끼실 수 있을 거에요. 일본의 거리 풍경은 우리랑 얼마나 같고, 얼마나 다른지 경험해 보세요.

한가지 더! 페이지를 넘겨보세요. 페이지를 넘길 때는 화면 하단의 🔲 버튼을 누르거나 손으로 책장을 넘기듯 책의 오른쪽 끝부분을 마우스로 클릭하면 페이지가 넘어가요. 페이지를 한 장 넘기면, 뒷장에는 동영상이 있던 자리에 본문 해석이 나와 있어요. 처음에는 뜻을 모르는 상태에서 핵심회화를 들어보세요. 그리고 듣기가 익숙해지고 난 후, 뒷장의 해석을 참고하면 일본어 공부에 더욱 도움이 될 거에요.
니홍고 팩토리가 야심차게 준비한 멀티VCD를 통해 여러분의 일본어 실력이 한걸음 더 빨리 향상되었으면 좋겠어요!! 자, 그럼 시작해 볼까요?

현지 동영상 촬영은 일본의 秀林外語専門学校(http://shurin.ac.jp)의 협조로 진행되었으며, 출연진은 秀林外語専門学校의 일한통역과 교수님과 재학생들입니다.

문맹 탈출! 일본어의 문자

♥ 히라가나
♥ 가타카나

⊙ ひらがな 히라가나

히라히라~ 부드러운 문자 히라가나!

일본어 문자의 기본이 되며, 일반적으로 가장 많이 쓰이는 문자입니다. 총 50개의 음으로 구성되어 있어요. ひらがな히라가나의 ひら(平)는 모난 곳이 없다는 뜻입니다. 이름 그대로 모난 곳 없이 부드럽게, 흘러가듯 써 내려간 글자에요. 과거 9세기 궁녀들이 한자의 초서체를 부드럽게 흘려 쓴 데에서 그 기원을 찾을 수 있다고 하는데요, 우아하고 동글동글한 것이 여성들이 만들어낸 문자답죠?

⊙ カタカナ 가타카나

가타카나.

어감만 들어도 딱딱한 느낌이 들지 않나요? 가타카나도 한자에 기원을 두고 있습니다. 히라가나와 다른 점은 한자를 통째로 변형시킨 것이 아니라, 한자의 부수 등 일부만을 떼어 글자로 만들었다는 점입니다. 그래서 불완전함을 의미하는 カタ(片)를 써서 カタカナ 가타카나라고 불립니다. 스님들이 불경을 번역하는 과정에서 탄생했다고 해요.

가타카나는 주로 외래어, 동식물 이름, 의성어, 의태어 등 문장 안에서 특별히 강조할 부분에만 쓰인답니다. 그런데 일본어는 의외로 외래어가 참 많아요. 그러니 꼭 익혀두어야 하겠지요? 뻣뻣한 이 아이와도 친해지길 바래~

⊙ 漢字 한자

일본어는 히라가나와 가타카나뿐만 아니라, 한자를 섞어서 표기합니다.

왜냐! 일본어의 음이 50개 밖에 되지 않아 동음이의어가 많기 때문에 한자로 구분해줄 필요가 있거든요. 한자 정복의 길은 멀고도 험난하지만, 일상적으로 자주 쓰이는 상용한자를 중심으로 어느정도 외우고 나면 어휘력을 쑥쑥 늘려주는 효자가 된답니다. 또 우리말과 독음만 다른 한자 단어도 많으니 기대하세요!

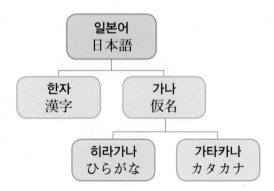

ひらがな 히라가나

● 오십음도(五十音図) Track 001

	あ행	か행	さ행	た행	な행	は행	ま행	や행	ら행	わ행
あ단 a	あ a	か ka	さ sa	た ta	な na	は ha	ま ma	や ya	ら ra	わ wa
い단 i	い i	き ki	し si	ち chi	に ni	ひ hi	み mi		り ri	
う단 u	う u	く ku	す su	つ tsu	ぬ nu	ふ hu	む mu	ゆ yu	る ru	
え단 e	え e	け ke	せ se	て te	ね ne	へ he	め me		れ re	
お단 o	お o	こ ko	そ so	と to	の no	ほ ho	も mo	よ yo	ろ ro	を wo	ん N

■ 우선 세로로 읽는 단(段)의 기본은 '아, 이, 우, 에, 오' 입니다. 일본어의 모음은 이것이 다예요. [a, i, u, e, o] 많이 들어보셨죠?

■ 여기에 가로로 읽는 행(行)을 자음으로 생각하고 모음과 조합하면 일본어를 구성하는 50개음이 나온답니다.

k + a = ka	か
k + i = ki	き
k + u = ku	く
k + e = ke	け
k + o = ko	こ

★ 눈치 빠른 당신!

50음도에 사실은 46개 문자밖에 없다는 것을 벌써 간파했군요. 위에 5군데 구멍이 난 곳은 고어에서만 쓰이고 현대 일본어에서는 쓰이지 않는 문자입니다. 그래서 빼기 5개, 여기에 조금 특별한 '응(ん)'을 더해서 총 46개 문자가 일본어의 전부랍니다. 아 만만하다!

カタカナ 가타카나

● 오십음도(五十音図)

	ア행	カ행	サ행	タ행	ナ행	ハ행	マ행	ヤ행	ラ행	ワ행
ア단 a	ア a	カ ka	サ sa	タ ta	ナ na	ハ ha	マ ma	ヤ ya	ラ ra	ワ wa
イ단 i	イ i	キ ki	シ si	チ chi	ニ ni	ヒ hi	ミ mi		リ ri	
ウ단 u	ウ u	ク ku	ス su	ツ tsu	ヌ nu	フ hu	ム mu	ユ yu	ル ru	
エ단 e	エ e	ケ ke	セ se	テ te	ネ ne	ヘ he	メ me		レ re	
オ단 o	オ o	コ ko	ソ so	ト to	ノ no	ホ ho	モ mo	ヨ yo	ロ ro	ヲ wo	ン N

あ・か・さ・た・な・は・ま・や・ら・わ
아·카·사·타·나·하·마·야·라·와
아가 사다 냐　　　하마야, (올)라와

■ 자, 그럼 가로방향 자음 행(行)을 외워볼까요? 두 번만 잔인해지면 되요.

우리말 국어사전이 ㄱ, ㄴ, ㄷ, ㄹ, ㅁ 순으로 되어 있듯이
일본어 사전은 あ·か·さ·た·な·は·ま·や·ら·わ 순으로 되어 있답니다.
사전을 쉽고 빠르게 찾기 위해서라도 꼭 외워두어야 하겠죠?

■ 그럼 3가지 문자가 섞여있는 일본어의 예를 한번 볼까요?

わたし、東京でショッピングを楽しむために、
나, 도쿄에서 쇼핑을 즐기기 위해서

日本語の勉強を始めることにしたの。ドキドキするわ。
일본어공부를 시작하기로 했어. 두근두근해!

아직은 낯설지요? 하지만 주눅들 필요는 없어요!!
우리 차근차근 익혀나가요.

★ 일본어에는 띄어쓰기가 없다 ?!

일본어는 띄어쓰기 없이 한 문장은 모두 붙여서 씁니다.
대신 읽기 쉽게 하기 위해 적당~한 곳에 쉼표를 넣어주기는 해요. 그런데 여기서 중요한 것은 쉼표의 모양! 우리말이나 영어에서 쓰는 [,] 이 아니라 [、] 이렇게 찍어줘야 제대로라는 사실!
참, 마침표도 일본어에서는 점 [.] 이 아니라 속이 빈 작은 동그라미 [。]로 그려야 합니다.

★ 일본어에는 물음표/느낌표가 없다 ?!

물음표(?)/느낌표(!) 모두 원칙적으로 일본어에는 없는 부호입니다. 감탄문이든 의문문이든 모든 문장의 끝은 [。]로 끝맺고 문말 표현의 형태에 따라 뜻을 구분하게 되어 있지요. 하지만 문맥상 의문형이라는 것이 명확히 드러나지 않을 경우에는 예외적으로 물음표를 사용하기도 합니다.

■ 히라가나와 가타카나를 하나하나 살펴볼까요? 획순에 주의해서 외워 보세요.

Track 002

| あ ア [a] 아 | い イ [i] 이 | う ウ [u] 우 | え エ [e] 에 | お オ [o] 오 |

あい [ai] 사랑　いえ [i e] 집　うえ [u e] 위　え [e] 그림　おい [o i] 조카

Track 003

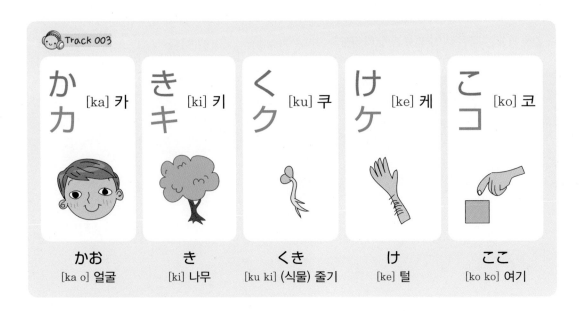

| か カ [ka] 카 | き キ [ki] 키 | く ク [ku] 쿠 | け ケ [ke] 케 | こ コ [ko] 코 |

かお [ka o] 얼굴　き [ki] 나무　くき [ku ki] (식물) 줄기　け [ke] 털　ここ [ko ko] 여기

さ サ [sa] 사　　し シ [si] 시　　す ス [su] 수　　せ セ [se] 세　　そ ソ [so] 소

さけ
[sa ke] 술

しか
[shi ka] 사슴

すし
[su shi] 스시(초밥)

せき
[se ki] 자리

そこ
[so ko] 거기

た タ [ta] 타　　ち チ [chi] 치　　つ ツ [tsu] 츠　　て テ [te] 테　　と ト [to] 토

たき
[ta ki] 폭포

ちち
[chi chi] 아버지

つくえ
[tsu ku e] 책상

て
[te] 손

とき
[to ki] 때, 시간

な ナ [na] 나

に 二 [ni] 니

ぬ ヌ [nu] 누

ね ネ [ne] 네

の ノ [no] 노

なし
[na shi] (과일) 배

にし
[ni shi] 서쪽

ぬの
[nu no] 헝겊, 천

ねこ
[ne ko] 고양이

のう
[no u] 뇌

は ハ [ha] 하

ひ ヒ [hi] 히

ふ フ [hu] 후

へ へ [he] 헤

ほ ホ [ho] 호

はな
[ha na] 꽃

人
[hi to] 사람

ふく
[hu ku] 옷

へそ
[he so] 배꼽

ほし
[ho shi] 별

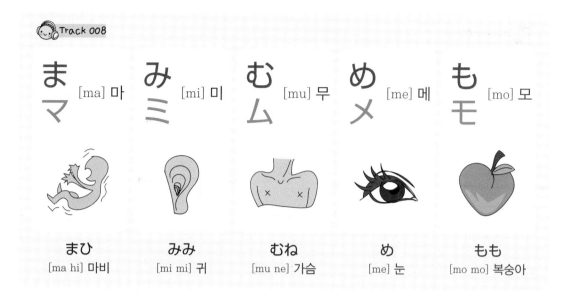

ま マ [ma] 마

み ミ [mi] 미

む ム [mu] 무

め メ [me] 메

も モ [mo] 모

まひ [ma hi] 마비

みみ [mi mi] 귀

むね [mu ne] 가슴

め [me] 눈

もも [mo mo] 복숭아

や ヤ [ya] 야

ゆ ユ [yu] 유

よ ヨ [yo] 요

やみ [ya mi] 어둠

ゆめ [yu me] 꿈

よこ [yo ko] 옆

ら ラ [ra] 라	り リ [ri] 리	る ル [ru] 루	れ レ [re] 레	ろ ロ [ro] 로
らく [ra ku] 편안함, 쉬움	りす [ri su] 다람쥐	るす [ru su] 부재중	れきし [re ki shi] 역사	ろうそく [ro u so ku] 촛불

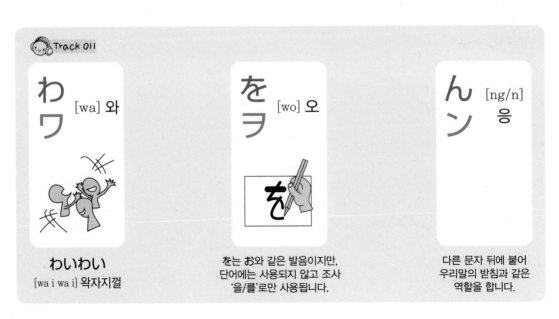

わ ワ [wa] 와

を ヲ [wo] 오

ん ン [ng/n] 응

わいわい
[wa i wa i] 왁자지껄

を는 お와 같은 발음이지만,
단어에는 사용되지 않고 조사
'을/를'로만 사용됩니다.

다른 문자 뒤에 붙어
우리말의 받침과 같은
역할을 합니다.

★헷갈리기 쉬운 문자

히라가나

あ ≠ お
아[a]　오[o]

ぬ ≠ め
누[nu]　메[me]

ね ≠ れ ≠ わ
네[ne]　레[re]　와[wa]

る ≠ ろ
루[ru]　로[ro]

가타카나

ウ ≠ ワ
우[u]　와[wa]

コ ≠ ユ
코[ko]　유[yu]

シ ≠ ツ
시[si]　츠[tsu]

ソ ≠ ン
소[so]　응[ng]

Tip つ의 발음

일본어 발음 중 가장 골칫거리라 해도 과언이 아닌 [つ]

어떻게 발음해야 할까요? 츠? 쯔? 쓰? 쭈?

외국어 표기법상 [つ]는 '쓰'로 표기하게 되어서인지, 우리 한국인의 귀에는 익숙하지 않은 소리라 [쓰]로 들리는 것인지, 손톱깎이를 '쓰메끼리'로 알고 있는 사람도 많지요? [쓰메끼리] 아닙니다!

つ를 로마자로 표기하면 [tsu]입니다. [t]와 [s]의 사이의 음이라고 볼 수 있는데요, [츠]를 발음할 것 같은 입모양을 하고 [쯔]라고 말하는 느낌? 영어로 "Let's go!" 하고 외칠 때 [ts] 발음과도 비슷합니다.

듣기에 자신이 있는 사람은 원어민 음성을 들으면서 자기만의 발성법을 찾아 보세요.

아무리 들어도 모르겠다, 싶으면 한국어식 [츠]와 [쯔]를 번갈아 발음해 봅시다. 혀가 어디에 닿나요? 입천장에 닿지요? 하지만 일본어의 [つ]는 입천장이 아닌 앞니 바로 윗쪽의 천장에 닿아요. 되도록 혀를 앞쪽으로 빼면서 입술 모양은 [우]보다는 [으]처럼 하고 발음하기!

02

완전 정복! 일본어의 발음

⊙ 청음 (清音)
せい おん

우선 기본이 되는 것은 청음(清音)입니다. 한자를 보면 느낌이 오시나요? 맑은 소리.
우리가 배운 46개 기본문자에 아무 것도 가하지 않은 상태에서 순수하게 그대로 읽어주었을 때의 소리
에요. 대표적인 청음의 예로 카(か)행, 즉 카 키 쿠 케 코(か・き・く・け・こ)를 들 수 있어요.
사실 정확한 일본어 발음은 우리말의 [카]와 [가] 중간 정도의 소리라고 하는데요, 일단은 명확한 구별
을 위해 [카]! 하고 강하게 연습해 보아요. 자, 깨끗하게 맑게 자신있게 발음해 보세요!

⊙ 탁음 (濁音)
だく おん

기본을 마스터했다면, 슬슬 응용으로 들어가 볼까요?
탁음은 말 그대로 탁한 소리인데요, 청아하고 낭랑했던 청음 카(か)에
'탁점'이라 불리는 쩜쩜(ˎ)을 붙이면 탁한 소리, 가(が)가 됩니다. 쩜
쩜(ˎ)의 위치는 글자 오른쪽 상단! 머리에 살짝 꽃을 달듯이! 쩜쩜,
두 개만 찍어주세요. 그럼 카(か)행의 다른 아이들에게도 쩜쩜(ˎ)을
붙여볼까요?

か → が
카 [ka]　　가 [ga]

> 카 키 쿠 케 코 → 가 기 구 게 고

Tip ガ행 발음 연습

탁음은 성대를 진하게 울리면서 나는 소리라고 합니다. 약간 콧소리를 섞
듯이 앞에 [응]을 살짝 붙여 발음해 보세요.

→ [응] ガ　[응] ギ　[응] グ　[응] ゲ　[응] ゴ

걸쭉한 소리가 나오죠? 바로 그 느낌을 잊지 마세요!
[g] 소리가 강하게 나야 합니다.

 원어민 음성을 듣고 정확한 발음을 초반에 콱 잡으세요!

さ(사)행에 붙이면 어떻게 될까요?
사(さ)의 탁음은 자(ざ)가 됩니다.

일본어의 ざ는 표 안의 로마자 표기처럼, [z]에 가까운 소리입니다. [j]
보다 끈적거리는 느낌으로 마찰음을 내면서 발음해 주세요. 우리말 [ㅈ]
발음은 잊고 [za], 발음해 보세요!

사 시 스 세 소 → 자 지 즈 제 조

타(た)행도 마찬가지로 붙여줄 수 있어요.

타 치 츠 테 토 → 다 지 즈 데 도

여기서 주의할 것은 ぢ와 づ 의 발음!
일본어 발음 중 가장 까다롭기로 소문난 つ에 쩜쩜을 붙이면 づ가 되는
데요, 위의 さ(さ)행의 탁음이었던じ, ず와는 또 다른 발음이니 특히 유
의하세요!

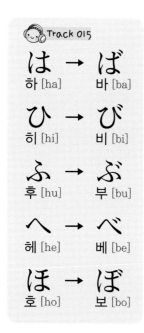

마지막으로 하(は)행에 붙이면 어떻게 될까요?
놀랍게도 하(は)는 바(ば)가 된답니다.

하 히 후 헤 호 → 바 비 부 베 보

자, 여기까~지!
탁음이라고 아무 글자나 다 붙일 수 있는 것은 아니고요, 쩜쩜 붙이기가 가능한 것은 이상의 네 가지입니다. 정리해 볼까요? 탁음 4총사 나갑니다.

쩜쩜(") 있고 없고 이렇게 다르다!

きんメダル	ぎんメダル
[킹 메다루]	[깅 메다루]
금(金)메달	은(銀)메달

일본어에서 금은 [킹] (きん), 은은 [깅] (ぎん)이라고 발음하는데요, 이를 정확히 구분하지 않으면 메달이 뒤바뀌는 불상사가 발생하겠지요. 한국인의 겨우 청음과의 구분이 불분명한 것이 일본어 숙달의 최대 약점이라고 합니다.
그럼 다른 예를 한번 살펴볼까요?

Track 016

청음	탁음
かいしゃ : 회사	がいしゃ : 외제차
[카이샤]	[가이샤]
こい : 사랑	ごい : 어휘
[코이]	[고이]
てんき : 날씨	でんき : 전기
[텡키]	[뎅끼]

⊙ 반탁음 (半濁音)

다음은 반탁음에 대해 알아보겠습니다.

반탁음이란 어떤 소리일까요? 성대가 울리기는 하는데, 탁음보다는 덜 울리는 소리, 반만 탁한 소리, 청음과 탁음의 중간쯤 되는 소리… 라고 하면 감이 오나요?

하(は)행에만 붙일 수 있고요, 하(は) 오른쪽 머리에 반탁점이라고 불리는, 조그만 동그라미(°)를 달아주면, 파(ぱ)가 됩니다.

'빠 삐 뿌 뻬 뽀'도 '파 피 푸 페 포'도 아닌 그 중간음이랍니다.

쉽게 말해 영어의 [p]에 가까운 소리에요.

は → ぱ
하 [ha] 파 [pa]

하(は)행의 나머지 글자에도 붙여볼까요?

하 히 후 헤 호 → 파 피 푸 페 포

ぱ → 파? 빠? 중간음이라니?

일본어에는 된소리와 거센소리의 구분이 없다!

그러니까 '파'와 '빠'의 구분이 없다는 말씀! 한국어는 글자만 봐도 알 수 있듯이 파와 빠의 구분이 명확하지만, 일본어는 이를 구분하지 않습니다. 그러니 발음할 때는 크게 신경 쓸 것 없이 [파]가 편할 때는 [파]로 [빠]가 편할 때는 [빠]로 발음을 해도 됩니다.

그래서인지 한국어를 배우는 일본인이 구별하기 힘들어 하는 것 중 하나가 '빨다'와 '팔다'의 차이라고 하네요.

⊙ 요음 (拗音)

요음 요녀석은 참 요상하게 변화를 해요. 가로방향 이(い)단에 해당하는 문자 옆에 야(や)·유(ゆ)·요(よ)를 조그맣게 써서 붙여 주는 건데요, 예를 들어 키(き)에 작은 야(や)를 붙이면 캬(きゃ), 작은 유(ゆ)를 붙이면 큐(きゅ), 작은 요(よ)를 붙이면 쿄(きょ)가 된답니다.

요음의 포인트는, 표기상으로는 두 글자로 구성되어 있지만 소리를 두 박자로 발음하지 않고 합쳐서 한 박자에 소리를 낸다는 점입니다.

き	＋	や	→	きゃ
[ki]		[ya]		[kya]
키		야		캬

き	＋	ゅ	→	きゅ
[ki]		[yu]		[kyu]
키		유		큐

き	＋	よ	→	きょ
[ki]		[yo]		[kyo]
키		요		쿄

★요음 변신이 가능한 친구들 총집합!

청음	탁음	반탁음	や		ゅ		よ	
き	ぎ		きゃ kya	ぎゃ gya	きゅ kyu	ぎゅ gyu	きょ kyo	ぎょ gyo
し	じ		しゃ sya	じゃ jya	しゅ syu	じゅ jyu	しょ syo	じょ jyo
ち	ぢ		ちゃ cha	ぢゃ dya	ちゅ chu	ぢゅ dyu	ちょ cho	ぢょ dyo
に			にゃ nya		にゅ nyu		にょ nyo	
ひ	び	ぴ	ひゃ hya / びゃ bya / ぴゃ pya		ひゅ hyu / びゅ byu / ぴゅ pyu		ひょ hyo / びょ byo / ぴょ pyo	
み			みゃ mya		みゅ myu		みょ myo	
り			りゃ rya		りゅ ryu		りょ ryo	

※ じゃ는 영어의 [ja]에 가깝다고 볼 수 있습니다. 탁음 ざ[za]와 じゃ[jya]의 차이에 주의하세요!

◉ 촉음 (促音)

이번에는 일본어에 받침을 만들어 볼까요?

촉음은 막히는 소리라는 뜻으로, 음와 음 사이에 껴서 한 박자를 쉬면서 다른 소리를 준비합니다. 촉! 하면서 소리를 한 번 끊어준다고 생각하세요. 촉음은 앞 글자에 츠(つ)를 작게 붙여주면 [ㄱ, ㅅ, ㄷ, ㅂ] 받침과 같은 역할을 해요.

탁음이 가능했던 か、さ、た、ぱ 행에 붙일 수 있는데요, [ㄱ, ㅅ, ㄷ, ㅂ] 중 어느 받침으로 읽을지는 바로 뒤에 오는 글자의 자음을 따라갑니다.

か行 앞 →	[ㄱ] 받침
さ行 앞 →	[ㅅ] 받침
た行 앞 →	[ㄷ] 받침
ぱ行 앞 →	[ㅂ] 받침

이론적으로는 이렇게 구분이 되지만 어디까지나 발음을 자연스럽게 하기 위한 변화이기 때문에 억지로 외울 필요는 없어요.

예를 들어 설명해 볼까요?

Track 019

1. [ㄱ] 받침이 되는 경우

작은 つ + か행(か・き・く・け・こ) = [ㄱ]받침 + 까・끼・꾸・께・꼬

が	+	っ	+	き	→	がっき
[ga]		[k]		[ki]		[gak-ki]
가		ㄱ		키		각끼

2. [ㅅ]받침이 되는 경우

작은 つ + さ행(さ・し・す・せ・そ)= [ㅅ]받침 + 싸・씨・쓰・쎄・쏘

ざ	+	っ	+	し	→	ざっし
[za]		[s]		[si]		[zas-si]
자		ㅅ		시		잣씨

3. [ㄷ]받침이 되는 경우

작은 つ + た행(た・ち・つ・て・と)= [ㄷ]받침 + 따・찌・쯔・떼・또

き + っ + て → きって
[ki]   [t]   [te]   [kit-te]
키   ㄷ   테   킫떼

4. [ㅂ]받침이 되는 경우

작은 つ + ぱ행(ぱ・ぴ・ぷ・ぺ・ぽ)= [ㅂ]받침 + 빠・삐・뿌・뻬・뽀

き + っ + ぷ → きっぷ
[ki]   [p]   [pu]   [kip-pu]
키   ㅂ   푸   킵뿌

촉음 (っ) 있고 없고, 이렇게 다르다!

🎧 Track 020

촉음이 없는 경우	촉음이 있는 경우
じかん : 시간	じっかん : 실감
[지캉]	[직캉]
かこ : 과거	かっこ : 괄호
[카코]	[칵코]
おと : 소리	おっと : 남편
[오토]	[옫토]

⊙ 발음 (撥音)

다음은 통통 튀는 음이라는 뜻의 발음(撥音)입니다.

촉음과 마찬가지로 일본어에 받침을 달아주는 역할을 하는데요, 글자 뒤에 응(ん)을 써주면 우리말의 [ㅇ, ㅁ, ㄴ] 받침을 붙인 소리가 됩니다. [ㅇ, ㅁ, ㄴ] 중 어떤 받침으로 읽을지는 뒤에 오는 글자에 따라 달라지는데요, 대체로 아래와 같이 구분되지만 이 또한 엄밀한 것은 아니기 때문에 참고로만 알아 두세요! 응(ん)이 붙으면 대충 영어의 [ŋ] 처럼 발음한다고만 기억해도 충분해요.

か・が行 앞 → [ㅇ] 받침	ŋ
ま・ば・ぱ行 앞 → [ㅁ] 받침	m
さ・ざ・た・だ・な・ら行 앞 → [ㄴ] 받침	n
あ・や・わ・は行 앞 → [ㅇ]과 [ㄴ] 중간음, 비음	N

1. [ㅇ] 받침

ん + か行 (か・き・く・け・こ)
　　+ が行 (が・ぎ・ぐ・げ・ご)

🎧 Track 021

예　けんか 싸움　　　りんご 사과　　　まんが 만화
　　[켕까]　　　　　　[링고]　　　　　　[망가]

2. [ㅁ] 받침

ん + ま行 (ま・み・む・め・も)
　　+ ば行 (ば・び・ぶ・べ・ぼ)
　　+ ぱ行 (ぱ・ぴ・ぷ・ぺ・ぽ)

🎧 Track 022

예　さんま 꽁치　　　こんぱ 미팅　　　さんぽ 산책
　　[삼마]　　　　　　[콤파]　　　　　　[삼뽀]

3. [ㄴ] 받침

ん + ざ行(ざ・じ・ず・ぜ・ぞ)
　　 + た行(た・ち・つ・て・と)
　　 + だ行(だ・ぢ・づ・で・ど)
　　 + な行(な・に・ぬ・ね・の)
　　 + ら行(ら・り・る・れ・ろ)

 Track 023

예　かんじ 느낌　　おんち 음치　　おんど 온도　　おんな 여자
　　 [칸지]　　　　[온찌]　　　　[온도]　　　　[온나]

4. [ㄴ/ㅇ] 중간음 받침

ん + あ行(あ・い・う・え・お)
　　 さ行(さ・し・す・せ・そ)
　　 は行(は・ひ・ふ・へ・ほ)
　　 や行(や・ゆ・よ)
　　 わ
　　 ん

 Track 024

예　はんい 범위　　けんさ 검사　　こんやく 약혼　　でんわ 전화　　ほん 책
　　 [항이]　　　　[켄사]　　　　[콘야꾸]　　　　[뎅와]　　　　[혼]

⊙ 장음 (長音)

ちょう おん

장음은 말 그대로 길게 끌어주는 소리입니다. 우리말에도 장음/단음이 있지만 일상적으로 의식하는 경우는 많지 않지요. 하지만 일본어에서는 장음도 한 음절의 길이를 가지고 있고, 또 장음에 따라 뜻이 완전히 달라지는 단어도 많기 때문에 장음/단음의 구별이 중요합니다.

● 히라가나

우선 히라가나의 장음은 あ단 뒤에 [あ], い단 뒤에 [い], う단 뒤에 [う], え단 뒤에 [え]나[い], お단 뒤에 [お]나 [う]가 오는 경우, 두 소리를 각각 발음하지 않고 앞소리를 길게 발음하는 것을 말합니다. 모음 아 이 우 에 오[あ, い, う, え, お]의 음을 입 모양을 바꾸지 않은 채 그대로 계속해서 발음하는 것이지요.

🎧 Track 025

あ단 + あ	おばあさん 할머니 [오바아상]	≠ おばさん 아주머니, 숙모 [오바상]
い단 + い	おじいさん 할아버지 [오지이상]	≠ おじさん 아저씨, 삼촌 [오지상]
う단 + う	くつう 고통 [쿠츠우]	≠ くつ 구두 [쿠츠]
え단 + え or い	ええ 네에 [에에]	≠ え 그림 [에]
お단 + お or う	とおり 거리 [토오리] こうこう 고등학교 [코오코오] そうこ 창고 [소오코]	≠ とり 새 [토리] ≠ ここ 여기 [고코] ≠ そこ 거기 [소코]

장음이 들어가냐 안 들어가냐에 따라서 뜻이 전혀 달라지는 것을 알 수 있죠?

발음하는 법이 중요한데요, 우선 [a + a] 같은 경우는 [a]소리를 길게 내주면 됩니다. 같은 소리의(같은 단에서의) 반복은 쉽죠?

그런데 [e + i]와 같이 다른 소리가 만났을 때에는 [에이] 라고 하지 않고 [에-] 와 같이 [에] 소리 하나를 길게 늘여 발음한다는 것에 주의해야 합니다!

마찬가지로 [o + u]일 경우에도 [오우] 보다는 [오-]처럼 [오]를 끄는 듯한 느낌으로 읽습니다.

예 おはよう – 오하요우 (×) 오하요오 (○)

● 가타카나

1. 장음 (ー) 🎧 Track 026

コート 코트 [코-토]	ゼリー 젤리 [제리-]
コーヒー 커피 [코-히-]	ケーキ 케이크 [케-키]

가타가나에서의 장음은「ー」을 이용해서 짝대기를 긋습니다.
이 경우에는 앞 소리를 무조건 길~게 늘려주면 됩니다.

2. 요음 (ャュョ) 🎧 Track 027

シャツ 셔츠 [샤츠]	ジャケット 쟈켓 [쟈켇토]
ジュース 주스 [쥬-스]	ショートカット 쇼트컷 [쇼-토칻토]

3. 촉음 (ッ) 🎧 Track 028

カット 커트 [칻토]	クッキー 쿠키 [쿡키-]
クリック 클릭 [쿠릭쿠]	パック 팩 [팍쿠]

4. 발음 (ン) 🎧 Track 029

ズボン 바지 [즈봉]	スキンケア 스킨케어 [수킹케아]
ワンピース 원피스 [왐피-스]	クレンジング 클렌징 [쿠렌징구]

◉ 일본어의 악센트

1. 박(拍)

일본어는 리듬과 박자가 중요해요. 기본적으로는 한 글자가 한 박자를 갖고 있는데요, 우리가 유의해야 할 점은 촉음(っ), 발음(ん)도 엄연히 하나의 박을 갖는다는 사실!
문자정복에서는 빠른 이해를 위해 촉음과 발음이 한국어의 '받침'과 같은 역할을 한다고 했지만, 한글처럼 하나의 글자 속으로 쏙 들어가는 것이 아니기 때문에 박자는 따로 한 박을 차지해요.

촉음	きって [키ㄷ테]　　≠　　[킫테] (일본어 3박)　　　　　(한국어 2음절)
발음	ほん [호ㄴ]　　≠　　[혼] (일본어 2박)　　　(한국어 1음절)

★장음도 반드시 한 박을 세어주세요.

おじいさん [오 지 이 사 ㅇ] (5박)　 : 할아버지
おじさん [오 지 사 ㅇ] (3박)　　: 아저씨, 삼촌

★요음은 합쳐서 한 박으로 읽습니다. '받침' 개념이 아니라 모음이 변화하는 것 뿐이니까요.

びよういん (美容院) [비 요 우 이 ㅇ] (5박)　 : 미용실
びょういん (病院) [보 - 이 ㅇ] (4박)　　　 : 병원

2. 높낮이의 악센트

일본어에는 소리의 높낮이를 구분하는 악센트가 있습니다. 다시 말해, 영어와 같이 강약(强弱)으로 표시하는 것이 아니라 '올리고 내리는' 고저(高低) 변화를 나타내는 거예요.

동음이의어가 많은 일본어의 특징상, 같은 음이라도 악센트에 따라 뜻이 완전히 달라지는 경우가 많으니 주의하세요!

  아[あ]를 높게 메[め]를 낮게 발음하면 ▶ 하늘에서 내리는 '비' (雨)

  반대로 아[あ]를 낮게 메[め]를 높게 발음하면 ▶ '사탕, 엿' (飴)

일본어를 일본어답게 발음하고 원활한 의사소통을 하기 위해서는 악센트에 신경을 써서 발음해야 하겠죠. 하지만 처음부터 악센트까지 완벽하게 소화할 수는 없을거예요. 각 단어마다 반드시 높은 부분과 낮은 부분이 있다는 것을 기억하고 주의 깊게 들어보는 습관을 길러두면 좋을 것 같아요.

◉ 일본어의 한자

1. 일본식 약자

일본어에서도 한자를 많이 사용하는데요, 중국어의 간자체와는 또 다른 일본식 약자가 있습니다. 하지만 한국에서 쓰는 정자체와 비교해서 알아보기 힘들 정도로 모양이 다른 건 아니에요.

아래 예를 살펴볼까요? 정말 살짝살짝 다르지요?

學校(학교) ↔	学校(がっこう)
氣分(기분) ↔	気分(きぶん)
韓國(한국) ↔	韓国(かんこく)
通譯(통역) ↔	通訳(つうやく)
簡單(간단) ↔	簡単(かんたん)

2. 훈독과 음독

일본어에서 사용되는 한자도 뜻으로 읽는 훈독과 음으로 읽는 음독이 있어요.

月	つき = 달 :	훈독
	げつ = 월 :	음독
山	やま = 뫼 :	훈독
	さん = 산 :	음독
川	かわ = 내 :	훈독
	せん = 천 :	음독

편의상 한 개의 한자로 사용될 때는 훈독으로 읽고, 2개 이상의 한자로 사용될 때는 음독으로 읽는다고 생각해도 무방해요. 또 한 개의 한자에 대해 훈독은 대부분 하나이지만, 음독은 여러 가지인 경우가 많다는 것도 알아두면 좋겠죠.

3. 음독으로 비교한 한–일 단어

新聞	しんぶん	신문
簡単	かんたん	간단
運動	うんどう	운동
安全	あんぜん	안전
電話	でんわ	전화
国語	こくご	국어
趣味	しゅみ	취미
駐車	ちゅうしゃ	주차
注射	ちゅうしゃ	주사

한국어와 비슷한 발음이 많지요?

근대화 과정에서 한국으로 유입된 일본식 한자어가 많기 때문에 우리가 흔히 쓰는 단어들이 일본어에도 같은 한자 그대로 존재하는 경우가 많아요.
일본어 학습자 중 한자 때문에 좌절하는 사람도 많지요. 중급–상급으로 올라갈수록 외워야 할 한자 수가 많아져서 어려움이 커진다는 점에도 공감하구요.

하지만 같은 한자 문화권에 속해 있고, 위와 같이 완전히 동일한 한자어를 사용하는 나라가 얼마나 될까요? 그만큼 우리에게는 배우기 쉽고 친숙한 언어라고 긍정적으로 생각하고 한자 공포증을 날려 버리자구요!

한꺼번에 외우려고 욕심내지 말고, 공부하면서 한자가 등장할 때마다 하나씩 차근차근 익혀가도록 해요.

일본에 대해 얼마나 알고 있을까?

1. '일본'을 일본어로 뭐라고 하게?

日本이라고 한자로 써 놓고 **にほん**니혼 또는 **にっぽん**닙뽄이라고 읽어요. 정식 국가명은 '닙뽄'. 그래서 올림픽이나 월드컵 등 국제경기에 출전하는 선수들 유니폼에는 'NIPPON'으로 적혀있는 것을 봤을 거에요. 하지만 어감이 너무 강해서인지 일반적으로는 그냥 '니혼'이라고 하는 사람이 더 많은 것 같아요. 일본인이라는 표현도 '**にほんじん**니혼진' 으로 많이 써요.

2. 일본 지도 본 적 있어?

일본이 섬나라라는 것은 이미 알고 있죠? 크게 보면 5개의 섬으로 나누어 볼 수 있는데요, 저기 북쪽 끝에서부터 보면 **北海道**홋카이도, **本州**혼슈, **四国**시코쿠, **九州**큐슈, **沖縄**오키나와가 있어요. 일식집 이름으로 다들 한 번쯤 들어본 것 같지 않나요? 일본의 수도 **東京**도쿄와 식도락으로 유명한 **大阪**오사카는 가운데 가장 큰 덩어리 혼슈에 있어요.

3. 일본의 기후는 어떨까?

일본도 우리나라와 마찬가지로 4계절이 뚜렷해요. 봄이면 벚꽃이 피고 5~6월에 장마가 있고 가을이면 단풍이 지고 겨울이 되면 눈이 오는. 다만 지형이 세로로 기~다랗기 때문에 북쪽 끝과 남쪽 끝은 마치 다른 나라인 것 처럼 기후가 다르지요. 북쪽에 있는 **北海道**홋카이도 같은 경우, 겨울 내내 눈이 펑펑 오고 여름에도 선선해요. 반면에 남쪽 섬 **沖縄**오키나와에 가보면 동남아에 온 것처럼 무덥고 야자수도 자란답니다.

4. 일본은 정말 그렇게 지진이 많아?

네, 정말 많아요. 일본열도 밑에서 일어나는 지각변동이 워낙 활발하다 보니 크고 작은지진들이 늘상 발생해요. 화산이 많아 온천이 발달한 것도 같은 맥락이겠죠. 일본사람들은 왠만한 미진에는 놀라지도 않을 정도로 지진에 익숙해져 있어요. TV 방송화면이나 휴대폰에는 24시간 실시간 지진속보가 뜨고는 하죠. 하지만 너무 걱정할 필요 없어요. 유치원 때부터 온 국민이 지진 대비 훈련을 받고, 건축물 자체도 내진설계가 확실히 되어 있어서인지 정작 지진이 발생해도 인명피해는 생각보다 크지 않아요.

5. 일본의 돈에 대해 알아볼까?

일본의 円엔화 지폐는 1000, 2000, 5000, 10000엔권이 있고 동전은 1, 5, 10, 50, 100, 500엔이 있어요. 우리나라에서는 이제 1원짜리 동전을 사용할 일이 드물어졌고 남자들은 아예 동전지갑이 없는 사람도 있잖아요. 하지만 일본에서는 물건가격이 ¥123 이런 경우도 많아서 잔돈이 항상 필요해요. 그리고 처음으로 일본에서 물건을 살 때, 가격표의 정가와 실제 지불해야 하는 돈이 달라서 당황하는 경우가 있는데요, 일본에서는 무엇을 구입하든 그 가격의 5%에 해당하는 소비세를 더해서 계산해야 한답니다.

6. 기모노가 그렇게 비싸다며?

우리나라에 곱디고운 한복이 있듯이 일본에는 着物기모노라는 전통의상이 있어요. 현대 일본에서는 명절이나 성인식, 결혼식, 졸업식 등의 특별한 날에만 입는 옷이 되었어요. 가격은 물론 천차만별이지만 대부분이 고가인데다가 기모노 입는 법을 배우는 학원이 따로 있을 정도로 복잡해서 큰 마음 먹고 지르지 않는 이상 사기 힘들어요. 대신에 가벼운 소재와 단순한 구조, 착한 가격의 浴衣유카타라고 하는 여름용 기모노를 즐겨입어요.

7. 다다미방이라고 들어봤어?

畳다다미는 건조시킨 볏짚을 압축해서 만든 푹신푹신한 바닥인데요, 여름철에는 습기를 잡아주는 효과, 겨울에는 공기정화와 보온효과가 있어요. 일본은 전국적으로 습도가 높아 여름이면 푹푹 찌는 무더위가 기승을 부리기 때문에 옛부터 방바닥에 다다미를 까는 집이 대부분이었어요. 요즘에는 서구식 생활문화에 익숙한 사람이 늘어나 좌식생활 보다는 의자와 테이블을 선호하면서 다다미방이 줄었지만 그래도 한 집에 방 하나 정도는 다다미식으로 남겨두고는 해요.

여름철에 주로 입는 유카타

03

<ruby>私<rt>わたし</rt></ruby>は<ruby>先生<rt>せんせい</rt></ruby>で、
<ruby>와 따시 와</rt></ruby>　<ruby>센 세 - 데</rt></ruby>

あなたは<ruby>学生<rt>がくせい</rt></ruby>よ。
아 나 따 와　　　가 쿠 세 - 요.

나는 선생이고, 너는 학생이야.

호칭과 응답하기　🎧 Track 30

1	**わたし**	私	나
2	**あなた**		너, 당신
3	**わたしたち**	私たち	우리
4	**かのじょ**	彼女	그녀
5	**かれ**	彼	그
■	**なまえ**	名前	이름
■	**はい**		예
■	**いいえ**		아니요
■	**うん**		응
■	**ううん/いや**		아니
■	**そうです**		그렇습니다/그래요
■	**そうですか**		그렇습니까/그래요?
■	**そう**		그래
■	**そう?**		그래?

---

1. 명사의 기본용법 – 현재시제 긍정문

명사란 모든 대상의 이름을 나타내는 품사입니다. 활용이 없는 자립어이며, 조사나 조동사를 동반하여 주어 또는 술어가 될 수 있습니다. 이번 과에서는 명사의 기본용법 중 현재시제의 긍정표현을 공부해 보겠습니다.

2. 인칭대명사

명사는 크게 보통명사, 고유명사, 형식명사로 나누어 볼 수 있습니다. 대명사도 이에 속하는데요, 그 중 사람을 가리키는 인칭대명사를 이용한 문형을 익혀봅시다.

はじめまして。
하지메마시테

 Track 031

スジン はじめまして。
하지메마시테

ソヨン はじめまして。わたしはソヨンです。
하지메마시테　　　와타시와　　소영데스

スジン わたしはスジンです。よろしくおねがいします。
와타시와　　수진데스　　　요로시쿠　　오네가이시마스

スジン こちらこそ、どうぞよろしく。
고찌라코소　　　도－조　요로시쿠

 TIP

- はじめまして : 처음 만났을 때의 인사말
- よろしくおねがいします : '잘 부탁합니다'라는 뜻으로 「よろしく」만 쓰면 가볍게 '잘 부탁해!'가 됩니다. 꼭 무언가를 부탁한다기 보다 앞으로 잘 지내자는 뜻으로 볼 수 있습니다.
- は : 조사 '은/는'으로 쓰일 때는 [wa]로 발음합니다.

처음 뵙겠습니다.

수진 : 처음 뵙겠습니다.

소영 : 처음 뵙겠습니다. 저는 소영입니다.

수진 : 저는 수진입니다. 잘 부탁합니다.

소영 : 저야말로 잘 부탁해요.

 필수표현

- はじめまして : 처음 뵙겠습니다
- (どうぞ)よろしくおねがいします
  : 잘 부탁합니다
- よろしく : 잘 부탁해
- こちらこそ : 이 쪽이야말로, 저야말로

 단어

- わたし(私) : ㉕ 나, 저
- は : ㉗ 은/는
- です : 입니다
- どうぞ : ㉟ 아무쪼록. 제발. 부디

私は先生で、あなたは学生よ。

わたし せんせい がく せい

와따시와　센세－데　　　　아나따와　　가쿠세－요

🎧 Track 032

ミホ
先生、おはよう。
（せんせい）
센세－　오하요－

先生
あら、私は先生で、あなたは学生よ。
（せんせい）（わたし）（せんせい）（がくせい）
아라　와따시와 센세－데　아나따와　가쿠세－요

ミホ
ええと……
에－또……

先生
「おはようございます」
（せんせい）
오하요－　고자이마스

ミホ
そうそう、それそれ。
쏘－소－　　소레소레

TIP

- 아라: '어머', '어머나'라는 뜻의 여성들이 주로 쓰는 감탄사
- 요: 종조사「よ」가 명사에 붙으면 단정의 뜻을 나타내며 상대를 나무라거나 가르치는 뉘앙스가 들어가기도 합니다. 여성들이 주로 사용하는 어미표현입니다.
- 에에또 : '저…', '음…' 말을 바로 잇지 못할 때 망설임을 나타냅니다.
- 소우소우 : '그래 그래', '맞아 맞아', '아! 맞다!' 등으로 사용할 수 있습니다.

나는 선생이고, 넌 학생이야.

미호: 선생님, 안녕?

선생님: 어머! 나는 선생이고 너는 학생이야.

미호: 저…… 그러니까…….

선생님: '안녕하세요'

미호: 맞다 맞다! 그거 그거!

 필수표현

- **おはよう** : '안녕?' 가벼운 아침인사로 동년 배나 손아랫사람에 대해 주로 씁니다.
- **おはようございます** : '안녕하세요' 아침 인사의 공손한 표현입니다.
  → 방송·연예계나 직장에서는 시간에 관계 없이 그날 처음 만났을 때 장난스럽게 「おは よう」를 사용하기도 한답니다.
- **こんにちは** : (안녕하세요) 낮인사
- **こんばんは** : (안녕하세요) 밤인사

 단어

- **先生(せんせい)** : 몡 선생님
- **あら** : 갑 어머나, 어머
- **で** : 조 ~(이)고
- **あなた** : 대 당신, 너
- **学生(がくせい)** : 몡 학생
- **そう** : 그래
- **それ** : 그거, 그것

1. 명사의 현재 긍정형

일본어와 한국어는 어순이 같다는 사실, 알고계셨나요? 그렇기 때문에 몇 가지 단어와 조사만 알아도 쉽게 의사표현을 할 수 있답니다. 우선, 단정의 조동사 です '～입니다'를 이용한 기본문형부터 익혀볼까요?

인칭대명사	주격 조사	명사	단정의 조동사
私^{わたし} 나 あなた 너, 당신 私たち^{わたし} 우리 彼女^{かのじょ} 그녀 彼^{かれ} 그	は 은/는 が 이/가 も 도	大学生^{だいがくせい} 대학생 会社員^{かいしゃいん} 회사원 韓国人^{かんこくじん} 한국인 日本人^{にほんじん} 일본인 中国人^{ちゅうごくじん} 중국인	정중체 です 입니다 보통체 だ (이)다 문장체 である (이)다

(1) 단정의 조동사

[명사] + です 〈정중체〉 : '～입니다'에 해당하는 정중한 표현

[명사] + だ 〈보통체〉 : '～(이)다' 반말로 이야기할 때의 표현으로, だ를 생략하고 [명사]에서 끊는 경우도 많습니다.

(2) 조사

私^{わたし} + は → 私は大学生^{わたし だいがくせい}です.
나　　는　　　나는 대학생입니다.

彼女^{かのじょ} + も → 彼女も韓国人^{かのじょ かんこくじん}だ.
그녀　　도　　　그녀도 한국인이다.

*を는 명사나 동사 등 보통의 단어에서는 쓰이지 않는 글자로 '～를'에 해당하는 목적격 조사로만 쓰입니다. 발음은 お와 동일한 '오[o]'입니다.

	조사	의 미
は	wa	～은, 는
が	ga	～이, 가
を	o*	～을, 를
の	no	～의, ～의 것
も	mo	～도
と	to	～와, ～과

2. 인칭대명사

사람을 가리키는 대명사인 인칭대명사는 자기 자신을 가리키는 1인칭, 상대방을 가리키는 2인칭, 그 외의 제3자를 가리키는 3인칭, 그리고 누구라는 것이 지정되지 않은 부정칭으로 나누어 볼 수 있습니다.

1인칭	2인칭	3인칭			부정칭
① 私_{わたし} (나, 저) ② あたし (나) ③ 僕_{ぼく}/俺_{おれ} (나)	④ あなた (당신) 君_{きみ} (너) お前_{まえ} (너)	この人_{ひと} (이 사람) この方_{かた} (이 분)	その人_{ひと} (그 사람) その方_{かた} (그 분)	あの人_{ひと} (저 사람) あの方_{かた} (저 분)	どの人_{ひと} (어느 사람) どの方_{かた} (어느 분)
			彼_{かれ} (그) 彼女_{かのじょ} (그녀)	あいつ (저놈)	誰_{だれ} (누구) どなた (누구)

① 여성을 포함, 남녀노소 불문하고 가장 일반적으로 쓰이는 인칭대명사입니다.

② 여성전용 표현입니다. 하지만 지나치게 남발하면 닭살스러우니 주의!

③ 남자들이 쓰는 인칭대명사입니다. 까칠한 그녀가 되고 싶다면 터프하게 한 번 써 보는 것도?

④ 상대방을 높여 부르는 존칭대명사입니다. 참고로 일본어는 경어가 매우 발달한 언어입니다.

3. 명사의 중지형

'~는 ~이고, ~는 ~입니다'라는 표현! 즉, 두 개의 문장을 하나로 연결할 때에는 '[명사]+で'를 이용합니다. ~では 단정을 나타내는 ~だ의 변형으로 '~(이)고'의 뜻을 나타냅니다.

> **[명사]で : [명사](이)고**

例 この人_{ひと}は先生_{せんせい}で、あの人_{ひと}は学生_{がくせい}です。

이 사람은 선생님이고, 저 사람은 학생입니다.

일본 여성들의 패션

♥♥ 일본 여성들의 패션에 대해 수다를 떨어볼까요? 일본은 다양성과 개성을 존중하는 사회 분위기에 따라, 패션도 각자 스타일이 뚜렷한 편이에요. 물론 일본 여성들도 유행에 민감하고 트렌드를 쫓는 경향이 강하지만, 어디까지나 자신이 추구하는 스타일 안에서의 유행에만 관심을 갖는다는 점이 특징이에요. 의류 브랜드나 옷가게들이 각각의 스타일을 뚜렷이 내세우는 전략을 펼치는 것은 물론, 잡지사들도 한 가지 스타일을 컨셉으로 잡고 한 우물을 파는 편이지요. 일본 친구에게 "너는 어떤 스타일이야?" 하고 물으면 "OO잡지 스타일"이라고 대답할 정도니까요.

★ セレブ系 세레브 스타일

Celebrity의 일본식 줄임말인 **セレブ**. 세레브 패션의 기본 콘셉트는 귀족적인 우아함이라나? 최근에는 미국이나 유럽 등지의 해외 유명 스타들의 파파라치 사진이나 레드카펫 스타일을 표방하는 경우가 많아지고 있어요. 우리나라로 치면 소위 말하는 '헐리우드 패션'이라고 할 수 있겠네요. 그리고 명품 브랜드에 열광하는 것도 특징이에요.

★★ キャリア系 커리어우먼 스타일

Career Woman 스타일이라고 하면 어떤 느낌인지 감이 오지요? '일 잘하는 여성'의 카리스마를 풍기는 패션인 만큼 아무래도 팬츠 수트나 H라인 스커트가 주를 이루고 무채색이나 남색, 베이지색 등이 선호됩니다. 날카롭게 깃이 선 자켓, 시원시원한 스트라이프 셔츠, 과장되지 않은 포인트 스카프도 자주 등장하는 아이템이에요. 참고로 일본에서는 Office Lady를 줄여서 'OL'이라고 부르는데요, OL스타일의 중심인 사무직 여성들의 경우 A라인 스커트에 니트를 매치하는 세미정장 스타일을 즐겨 입어요.

★★★ お姉系 <ruby>ねえけい</ruby> 언니 스타일

직역하면 '언니 스타일'이 되는데요. 하이틴의 앳된 티를 벗고 20대 중반~30대 초반의 '언니'가 되었을 때의 패션이라는 뜻에서 붙여진 이름이에요. 어른스러우면서도 약간은 화려하고, 또 은근히 섹시한 스타일을 이렇게 불러요. 미니 스커트나 타이트 스커트, 몸매가 드러나는 니트 등으로 여성스러움을 강조하는 한편, 너무 튀지 않는 갈색 염색에 세팅이 들어간 머리, 자연스러운 색조화장 등으로 화사함을 더한 스타일이 많아요. 공교롭게도 이런 계통을 다루는 패션잡지들이 모두 표지 제목을 빨간색으로 쓰고 있어 '빨간글씨 계열 赤文字系 <ruby>あかもじけい</ruby>'이라고도 한답니다.

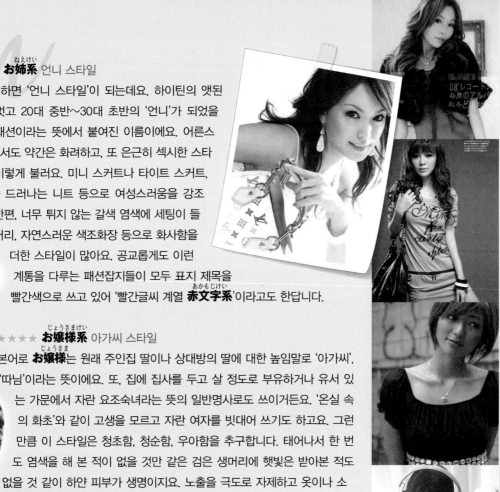

★★★★ お嬢様系 <ruby>じょうさまけい</ruby> 아가씨 스타일

일본어로 お嬢様 <ruby>じょうさま</ruby>는 원래 주인집 딸이나 상대방의 딸에 대한 높임말로 '아가씨', '따님'이라는 뜻이에요. 또, 집에 집사를 두고 살 정도로 부유하거나 유서 있는 가문에서 자란 요조숙녀라는 뜻의 일반명사로도 쓰이거든요. '온실 속의 화초'와 같이 고생을 모르고 자란 여자를 빗대어 쓰기도 하고요. 그런 만큼 이 스타일은 청초함, 청순함, 우아함을 추구합니다. 태어나서 한 번도 염색을 해 본 적이 없을 것만 같은 검은 생머리에 햇빛은 받아본 적도 없을 것 같이 하얀 피부가 생명이지요. 노출을 극도로 자제하고 옷이나 소품은 입이 딱 벌어질 만큼 고가이면서도 로고나 프린팅이 전혀 브랜드를 알아챌 수 없는(또는 아는 사람만 아는 제품을 선호합니다.

> 드러내고 노출을 하지 않는다는 점에서 보수적이라는 의미의 コンサバティブconservative을 줄여 「コンサバ」 라고도 해요.

★★★★★ カジュアル系 <ruby>けい</ruby> 캐주얼

일본의 캐주얼 스타일, 하면 얇은 옷을 여러 겹 겹쳐 입어서 멋을 내는 레이어드 重ね着 <ruby>かさ ぎ</ruby>가 떠올라요. 살짝 빛 바랜 듯한 색상을 믹스매치 해서 입으면 캐주얼의 밋밋한 느낌을 지울 수 있겠지요? 또 일본 여성들은 소품에도 굉장히 신경을 쓰는 편인데요, 옷 뿐만 아니라 가방이나 모자, 스카프, 악세서리 등을 잘 활용해서 스타일을 즐긴답니다.

04

せんぱい つくえ
先輩の机はどれですか。
셈빠이노 츠쿠에와 도레데스까

선배 책상은 어느 거에요?

 사무실 풍경　🎧 Track 033

1	じしょ	辞書	사전
2	ほん	本	책
3	えんぴつ	鉛筆	연필
4	のり	糊	풀
5	ふでばこ	筆箱	필통
6	こくばん	黒板	칠판
7	したじき	下敷き	책받침
8	ものさし	物差	자
9	さんかくじょうぎ	三角定規	삼각자
10	はさみ	鋏	가위
11	かみ	紙	종이
12	はこ	箱	상자
13	いす	椅子	의자
14	つくえ	机	책상
15	ごみばこ	ゴミ箱	쓰레기통
16	ノート		노트
17	ボールペン		볼펜
18	シャープペンシル		샤프펜슬

---

1. 명사의 기본용법 – 현재시제 의문문

이번에 공부할 명사의 기본용법은 현재시제 의문문입니다.

2. 지시대명사

대명사는 말 그대로 풀이하면 '명사를 대신한다'는 뜻을 갖고 있는데요. 사실 명사를 대신하기 보다는 명사를 통하지 않고 대상을 직접 가리키는 기능을 합니다. 이름을 모르거나 이름이 없는 대상도 대명사로 지시할 수 있기 때문이지요. 지난 과의 인칭대명사에 이어 이번에는 사물, 장소, 방향을 가리키는 지시대명사에 대해 공부해 보겠습니다.

先輩の机はどれですか。
<ruby>先<rt>せん</rt></ruby><ruby>輩<rt>ぱい</rt></ruby>の<ruby>机<rt>つくえ</rt></ruby>はどれですか。

셈빠이노 츠쿠에와 도레데스까

 Track 034

スジン ここがウチの<ruby>会社<rt>かいしゃ</rt></ruby>だよ。

고코가 우치노 카이샤다요

ミホ へえ、<ruby>先輩<rt>せんぱい</rt></ruby>の<ruby>机<rt>つくえ</rt></ruby>はどれですか。

헤― 셈빠이노 츠쿠에와 도레데스까

スジン あれだよ。<ruby>窓側<rt>まどがわ</rt></ruby>のあれ。

아레다요 마도가와노 아레

ミホ じゃ、<ruby>先輩<rt>せんぱい</rt></ruby>の<ruby>仕事<rt>しごと</rt></ruby>は<ruby>何<rt>なん</rt></ruby>ですか。

쟈 셈빠이노 시고토와 난데스까

スジン それがね、まだないの。

소레가네 마다 나이노

 TIP

- **ウチの** : 자신이 소속한 직장이나 집단을 가리켜 '우리~'라고 할 때 사용합니다.
- **へえ** : 감탄·놀람·의아 또는 어이없음을 나타내는 소리입니다. '흐음', '허참', '헤' 등
- **それがね** : '그것＋이＋말야'가 합쳐진 표현으로 '그게 말이지'정도로 해석할 수 있습니다.

선배 책상은 어느 거에요?

수진: 여기가 우리 회사야.

미호: 흐음 선배 책상은 어느 거에요?

수진: 저거야. 창가에 있는 저것.

미호: 그럼 선배 일은 뭐에요?

수진: 그게 말이지, 아직 없단다.

 단어

- ここ : (대) 여기
- ウチ : (명) 자신이 소속해 있는 곳 (가정 · 직장 등)
- 会社(かいしゃ) : (명) 회사
- へえ : (감) 흐음
- 先輩(せんぱい) : (명) 선배
- 机(つくえ) : (명) 책상
- どれ : (대) 어느것
- あれ : (대) 저것
- 窓側(まどがわ) : (명) 창가
- の : (조) ~의
- 仕事(しごと) : (명) 일, 업무
- 何(なん) : (대) 무엇, 뭐 (이름 · 실체를 알 수 없는 사물을 가리킴)
- まだ : (부) 아직
- ない : (동) 없다
- ですか : 입니까?

ねえ、それ何?
ねー　　　소 레 나 니

Track 035

ソヨン　ねえ、それ何?
네－　소레 나니

スジン　これ?これは新商品のくつよ。
고레　코레와　신쇼힌노　쿠츠요

ソヨン　へえ、いいな。じゃ、これも?
헤－　이이나　쟈　고레모

スジン　ううん、これはあなたへのプレゼント。
우웅　고레와　아나타에노　프레젠토

ソヨン　本当?わあ、ありがとう。
혼또?　와－　아리가또－

짜잔!
선물이야.

와!
생유

TIP

- ねえ : '저기', '있잖아' 등 상대의 주의를 끌려는 심정을 나타내는 말입니다.
- いいな : 이 경우 상대방에게 부러움을 나타내는 '좋겠다'의 뜻이 됩니다. 혼잣말로 '와 이거 좋네', '~했으면 참 좋겠다' 등의 뜻으로도 쓸 수 있습니다.
- じゃ : '그럼'이라는 뜻의 「では」가 구어체로 변한 말입니다. 「じゃあ」하고 길게 쓸 수도 있습니다.

- への : 그대로 해석하면 '~에게 + 의'라는 뜻으로 동작이나 작용이 대상에게 행해짐을 뜻하는 격조사입니다. '~에게 (~하는)'으로 해석할 수 있습니다.
  ex 友だちへの手紙　친구에게 (보내는) 편지

있잖아, 그게 뭐야?

소영: 있잖아, 그게 뭐야?

수진: 이거? 이건 신상 구두지.

소영: 흐음, 좋겠다. 그럼 이것도?

수진: 아니? 이건 너에게 주는 선물이야.

소영: 정말? 와! 고마워.

 필수표현

- **いいな** : 좋겠다
- **ううん** : 아니 ↔ **うん** : 응
- **ありがとう** : 고마워

 단어

- **ねえ** : '저기', '있잖아'
- **それ** : (대) 그것
- **これ** : (대) 이것
- **新商品(しんしょうひん)** : (명) 신상품, 신상
- **くつ** : (명) 구두, 신발
- **へえ** : (감) 흐음
- **じゃ** : 그럼
- **も** : (조) ~도
- **への** : (조) ~에게의
- **プレゼント** : (명) 선물
- **本当(ほんとう)** : (명) 정말, 진짜
- **わあ** : (감) 와

1. 명사의 현재 의문형

지시대명사	조사	대명사 / 명사	의문형 조동사
これ 이것 それ 그것 あれ 저것 どれ 어느 것	は 은/는 も 도 が 이/가	何 무엇 新商品 신상품 私の 나의 것	정중체 ですか(↗) 입니까? 보통체 ~? (이)니?

- 명사의 의문형을 만들 때는 긍정형 「です」 뒤에 의문을 나타내는 종결어미 「か」만 붙이면 '~입니까?'가 된답니다.
- 일본어에서는 「か」로 끝나는 의문형 문장에 물음표를 표기하지 않지만 말끝을 올려서 발음해야합니다.
- 정중체가 아닌 보통체의 경우, 원칙적으로는 [명사]+「か」의 형태이지만 딱딱한 느낌이 들기 때문에 그냥 '[명사]?'의 형태로 끝을 올려 발음하기만 하면 됩니다.

차~암 쉽죠잉~?

2. 조사 の의 용법

> **명사 の 명사**

- 소유 : 私のカバン 나의 가방
- 동격 : 大学生のゆい 대학생인 유이
- 소속 : デザインチームのスジン 디자인팀의 수진
- 때 : 高校生のとき 고등학생 때
- ~의 것 : これは私のです。 이것은 저의 것입니다.

3. 지시대명사

	この (이)	その (그)	あの (저)	どの (어)
사물	これ (이것)	それ (그것)	あれ (저것)	どれ (어느것)
장소	ここ (여기)	そこ (거기)	あそこ (저기)	どこ (어디)
방향	こちら (이쪽)	そちら (그쪽)	あちら (저쪽)	どちら (어느쪽)

これ로 물으면 それ로 대답하게 됩니다.
한국어로 생각해 보아도 알 수 있지요?

例 これ, 何?
이게 뭐야?

それ? プレゼントだよ。
그거? 선물이야.

개성을 강조한 패션

ギャル系(けい) (Gal)

ギャルgal 갸루라는 단어 들어봤나요? 본래는 1970년대에 활발한 성격을 가진 10~20대의 일본 여성들을 지칭하는 말이었는데요, 90년대에 들어 특정 부류의 여고생들을 **コギャル**라고 부르면서부터 좁은 의미로 사용되기 시작했어요.

하지만 이런 단어들이 기억 저편으로 사라져갈 때 즈음, 2000년대에 갑자기 **ヤマンバ**야만바라 불리는 갸루 **ギャル**스타일의 절정이 등장했어요. 어떤 차림이냐면요, 우선 머리는 탈색을 반복해서 거의 하얀색에 가깝게 하고 일부러 헝클어뜨린 듯이 풀어헤쳐요. 얼굴은 검게 태닝한 피부에 속눈썹을 굉장히 강조한 다음 눈가와 입술은 다시 하얗게 하이라이트를 넣어요. 옷은 주로 미니스커트나 바디라인을 강조한 져지소재의 화려한 원색 의상을 즐겨입고, 10cm는 족히 되어 보이는 통굽이 필수 아이템이랍니다.

B系(けい)

Hip Hop, R&B, Soul, Jazz 등의 흑인음악을 즐겨 듣고 그들의 문화를 동경하는 사람들의 패션을 총칭하는 말이에요. 일본에서는 B-boying의 'B'를 따서 B계열 스타일이라고 부른답니다. 필수 아이템은 골드 액세서리와 삐딱하게 쓴 모자, 헐렁한 청바지 정도가 될까요? 레게 스타일도 여기에 포함됩니다. 이 밖에도 **裏原系**(うらはらけい)우라하라라고 하는 **原宿**(はらじゅく)하라주쿠 뒷골목 패션도 유행하고 있답니다.

ゴシック系(けい) (Gothic) / **パンク系**(けい) (Punk) / **グランジ系**(けい) (Grunge)

일본은 오래 전부터 Rock 음악이 대중적인 인기를 얻어왔고, 공연문화가 발달해서 매니아층도 많은 편인데요, 그런 만큼 각자의 음악적 성향이 반영된 고딕룩, 펑크룩, 그런지룩도 길거리에서 자주 볼 수 있어요. 꼭 자신이 락에 심취해 있지 않더라도 스타일이 마음에 들어 그렇게 코디하는 친구들도 많고요. 정통 하이

패션과 엘리트주의에 대한 반발로 시작된 이런 류의 패션들은, 구속을 거부하고 자신만의 개성을 고집하는 젊은이들의 에너지를 잘 표현해줍니다.

ボヘミアン系 (Bohemian) / エスニック系 (Ethnic)

예술과 문화를 사랑하고 자유분방함을 즐기며 철학과 사상을 중시하는 보헤미안. 이들의 스타일을 표방한 보헤미안룩이나 아프리카, 동남아시아, 아메리카 인디언 등의 민족의상 스타일을 본 따서 만든 에스닉 스타일을 추구하는 사람들의 패션도 일본에서 자주 눈에 띈답니다.

ロリータ系 (Lolita)

필자는 일본에 가서 베르사이유 궁전에서 뛰쳐나온 듯한 드레스를 입은 어른들이 아무렇지도 않은 듯이 거리를 활보하고, 음식점에 들어가 식사를 하는 것을 보고 큰 충격을 받았답니다. 로리타 패션은 레이스나 프릴, 리본 등 소녀적인 특징을 강조한 드레스에 머리띠나 모자 등을 쓰고, 색상도 핑크나 레드 계열이 대부분이에요. 로리타 패션의 한 갈래로 고딕 앤 로리타 Gothic & Lolita 패션이라는 것도 있는데요, 이 경우 블랙이나 체크패턴을 주로 사용한 옷이 많아요. 또 최근에는 하녀복장을 즐기는 메이드 maid 패션도 유행하고 있어요.

この<ruby>近<rt>ちか</rt></ruby>くではありません。
고노 치카쿠데와　아리마셍

이 근처가 아니에요.

 거리풍경 Track 036

1	デパート		백화점
2	ビル		빌딩
3	えき	駅	역
4	くうこう	空港	공항
5	レストラン		레스토랑
6	ゆうびんきょく	郵便局	우체국
7	やおや	八百屋	야채가게
8	さかなや	魚屋	생선가게
9	はなや	花屋	꽃집
10	こうえん	公園	공원
11	がっこう	学校	학교
12	しやくしょ	市役所	시청
■	まえ	前	앞
■	うしろ	後ろ	뒤
■	よこ	横	옆
■	となり	隣	이웃, 옆
■	がわ	側	근처, 곁
■	みぎ	右	오른쪽
■	ひだり	左	왼쪽
■	なか	中	가운데, 안쪽
■	そと	外	바깥쪽

학습
목표

1. 명사의 기본용법 – 현재시제 부정문

이번에 공부할 명사의 기본용법은 현재시제 부정문입니다.

2. 수사 – 숫자/개수 세기

우리의 일상생활에서 빼놓을 수 없는 숫자. 이번 과에서는 수사의 가장 기본이 되는 사물의 수량을 나타내는 표현들을 소개합니다. 한번에 다 외우려고 하다보면 부담이 될 수 있으니 욕심내지 말고 차근차근 익혀나가도록 합시다.

05 — 근처가 아니에요.

この近くではありません。

고노　치카쿠데와　아리마셍

 Track 037

ミホ　すみません。こちらが郵便局ですか。
스미마셍　　　고치라가　유－빙쿄쿠데스까

通行人　いいえ、ここは郵便局ではありません。銀行です。
이－에　고코와　유－빙쿄쿠데와 아리마셍　　깅코－데스

ミホ　では、郵便局はこの辺ですか。
데와　유－빙쿄쿠와 고노헨데스까

通行人　この近くではありません。ここから西に1km くらいです。
고노 치카쿠데와 아리마셍　　　고코카라　니시니 이치키로 구라이데스

ミホ　そうですか。どうもありがとうございます。
소－데스까　　도－모　아리가또－　고자이마스

 TIP

- こちら : '이 곳' 또는 '이 쪽'의 경어표현입니다.
- では : 여기에서는 부정의 가정조건을 나타내는 조사 역할을 하므로 [de wa]로 읽어줍니다.
- この辺(へん) : 이 근처, 이 부근, 이 주변
- 近(ちか)く : 가까이, 근처 ↔ 遠(とお)く : 멀리, 먼 곳
- くらい : '만큼, 정도, 가량, 쯤' 등으로 해석할 수 있으며 「ぐらい」도 같은 뜻입니다.

이 근처가 아닙니다.

미호: 실례합니다. 이곳이 우체국입니까?

행인: 아니요, 이곳은 우체국이 아닙니다. 은행입니다.

미호: 그럼 우체국은 이 부근입니까?

행인: 이 근처가 아닙니다. 이곳에서 서쪽으로 1km 정도입니다.

미호: 그래요? 대단히 감사합니다.

 필수표현

- **すみません** : 죄송합니다, 실례합니다
- **そうですか** : 그렇습니까, 그래요?
- **ありがとうございます** : 감사합니다
- **ではありません** : ～(이)가 아닙니다
- **東西南北(ひがし·にし·みなみ·きた)**
  : 동서남북

 **단어**

- **こちら** : ㉹ 이곳 (경어)
- **郵便局(ゆうびんきょく)** : ㉺ 우체국
- **銀行(ぎんこう)** : ㉺ 은행
- **通行人(つうこうにん)** : ㉺ 행인
- **この辺(へん)** : ㉺ 이 부근
- **近(ちか)く** : ㉺ 근처
- **西(にし)** : ㉺ 서쪽
- **キロメートル(ｋｍ) / キロ** : ㉺ 킬로미터
- **どうも** : ㉻ 매우, 대단히

マスカラじゃないよ。
마 스 카 라 쟈   나 이 요.

🎧 Track 038

ソヨン あのさ、それってもしかしてマスカラ？
아노사   소렛떼   모시카시떼   마스카라

スジン ううん、マスカラじゃないよ。つけまつげだよ。
우웅   마스카라쟈   나이요   츠케마츠게다요

ソヨン うそ！すごく自然じゃない？
우소   스고쿠   시젠쟈나이

スジン でしょ？これ、おすすめだよ。
데쇼   코레   오스스메다요

오오~
짱 자연스러워!

완전
강추야!

TIP

- あのさ : '저기 있잖아', '저기 말이야' 등 상대의 주의를 끌려는 심정을 나타냅니다
- って : 인용의 격조사 '~(이)라고 「と」와 같은 뜻의 회화체
- うそ! : 직역하면 '거짓말!' 이 되지만 의심하는 뉘앙스보다는 '정말?' 이라는 감탄의 뜻이 강합니다.
- すごい : 굉장히, 대단히, 몹시 「すごく」의 회화체 불규칙 활용
- じゃない : ではない(~(이)가 아니다)의 준말이지만 의문문으로 끝날 경우, '~(이)가 아니야?', '~하지 않아?', '~잖아' 등으로 해석하는 것이 자연스럽습니다.
- でしょ(う)? : 그렇지요 「そうでしょう」의 줄임말
- おすすめ : 추천, 권유
  - ⓔⓍ おすすめ料理(りょうり) 추천요리

마스카라 아니야.

소영: 있잖아, 그거 혹시 마스카라야?

수진: 아니? 마스카라 아니야. 속눈썹 붙인거야.

소영: 거짓말! 진짜 자연스럽다!

수진: 그치 그치. 이거 강추야.

 단어

- **あのさ** : 저기 있잖아
- **もしかして** : (분) 혹시, 설마, 만일에
- **つけまつげ** : (명) 인조 속눈썹
- **じゃない** : ~(이)가 아니다
- **マスカラ** : (명) 마스카라
- **うそ** : (명) 거짓말
- **すごい** : (형) 굉장히, 대단히, 매우
- **自然(しぜん)** : (명) 자연(스럽다)
- **でしょ(う)** : 그렇지
- **おすすめ** : (명) 추천

1. 명사의 현재 부정형

대명사 / 명사	조사	명사 / 대명사	부정형 조동사
ここ 여기 あれ 저것 私（わたし） 나/저 休日（きゅうじつ） 휴일 トマト 토마토	は 은/는 も 도	教室（きょうしつ） 교실 飛行機（ひこうき） 비행기 学生（がくせい） 학생 今日（きょう） 오늘 果物（くだもの） 과일	정중체 ではありません (이/가) 아닙니다 보통체 ではない じゃない (이/가) 아니다

■ 명사의 부정형 '~(이/가) 아닙니다' 는 명사 뒤에 「ではありません」을 붙입니다. 「では+あり+ませ+ん」과 같이 여러 단어가 복합된 형태이지만, 그냥 통째로 외워버립시다!

■ 보통체에서는 「では」 대신에 회화체 축약형인 「じゃ」를 자주 사용하므로 「ではない → じゃない」가 더 자연스럽습니다.

> 회화체 축약형 (의미는 동일)
> では → じゃ
> ありません → ないです

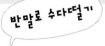

- 명사 じゃない
- 명사 じゃん

「ではない(~(이)가 아니다)」 또는 「ではないか(~가 아닌가)」의 준말이지만 의문문으로 끝날 경우, '~(이)가 아니야?', '~(이)지 않아?', '~잖아' 등으로 해석하는 것이 자연스럽습니다. 장난스럽고 허물없는 말투로 남녀공용입니다.

例
へー、すごいじゃん！　　와 대단한데?
これ、新商品（しんしょうひん）じゃん！　　이거 신상이잖아?

2. 숫자 읽기

일반적으로 쓰이는 읽기방법으로, 우리말로 치면 '일, 이, 삼, 사…'에 해당합니다. 핑크색 숫자에 특히 유의해 주세요.

0 ゼロ(れい)	1	10	100	1,000	10,000
1	いち	じゅう	ひゃく	せん	いちまん
2	に	にじゅう	にひゃく	にせん	にまん
3	さん	さんじゅう	さんびゃく	さんぜん	さんまん
4	し (よん)	よんじゅう	よんひゃく	よんせん	よんまん
5	ご	ごじゅう	ごひゃく	ごせん	ごまん
6	ろく	ろくじゅう	ろっぴゃく	ろくせん	ろくまん
7	しち (なな)	ななじゅう	ななひゃく	ななせん	ななまん
8	はち	はちじゅう	はっぴゃく	はっせん	はちまん
9	きゅう (く)	きゅうじゅう	きゅうひゃく	きゅうせん	きゅうまん

단어 億(おく) 억 | 兆(ちょう) 조

3. 개수 읽기

개수는 우리말의 '하나, 둘, 셋, 넷, …, 열'에 해당합니다. 일본 고유의 읽기방법이 열(とお)까지 있고 그 다음부터는 위에서 공부한 숫자읽기에서 개수를 나타내는 조수사에 個를 붙여 읽습니다.

0 ゼロ(れい)	1 ひとつ	2 ふたつ	3 みっつ	4 よっつ	5 いつつ
6 むっつ	7 ななつ	8 やっつ	9 ここのつ	10 とお	11個 じゅういっこ
12個 じゅうにこ	13個 じゅうさんこ	14個 じゅうよんこ	百個 ひゃっこ	一千個 せんこ	一万個 いちまんこ

일본의 네일샵

요즘 우리나라에서도 네일샵이 성행하고 있지요. 일본에서는 90년대 초반부터 붐이 일어 지금까지 꾸준히 여성들의 사랑을 받아와서 이제는 맨손톱이 어색할 정도로 일본 여성들의 생활 속에 깊이 침투해 있어요. 패션이나 뷰티에 관심이 많은 사람들은 전문가용 네일케어 도구를 사서 집에서 셀프케어를 즐기기도 한답니다.

필자가 일본의 네일샵을 다녀와서 우리나라와 다르다고 느낀 점은, 우선 젤네일의 보편화인데요. 기존의 액체 매니큐어는 이제 네일샵에서는 찾아보기 힘들 정도로 젤형태의 매니큐어가 일반화 되었더라구요. 물론 아직도 가격은 비싸지만요. 파격가라고 해서 가보면 기본만 5,000엔이고 다른 색을 추가하고 반짝이 좀 붙이고 하다보면 어느 새 10,000엔을 훌쩍 넘어버리죠.

그리고 익스텐션을 이용해 손톱 길이를 길게 만드는 사람이 의외로 많다는 점도 인상적이었어요. 일상생활 하는 데 불편하지 않을까 싶을 정도로 과장된 네일을 주문하는 고객도 종종 눈에 띄고요. 상당히 화려한 네일아트를 즐기는 사람도 많은 편이에요.

일본의 네일아트는 종류도 에어브러쉬(Airbrush), 핸드 페인팅(Hand Painting), 스컬프쳐(Sculpture), 라인스톤(Rhinestone), 마블(Marble), 워터데칼(Water Decals) 등 이름도 외우기 힘들 정도로 다양해요. 하지만 우리나라

네일샵에 가보면 가능한 서비스는 **フレンチ** French 프렌치나 **グラデーション** gradation 그라데이션 정도인 곳이 대부분인데요, 일본에서는 여러 기술을 다 할 줄 아는 전문적인 네일리스트가 많아요.

그리고 네일리스트들이 직업에 자긍심을 가지고 일한다는 느낌을 받았어요. 그도 그럴 것이 일본에는 '네일리스트 기능검정시험'이라는 제도가 있거든요. 국가공인 인증시험은 아니지만, 소정의 교육기간을 마친 후 이 시험에 통과해야만 네일리스트로 활동할 수 있는 자격이 주어진다고 해요. 1급~3급으로 나뉘어져 있고, 필기와 실기에 모두 합격해야 하며 09년 현재 누적 수험자수가 26만 명, 합격률은 평균 60%선(일본네일리스트협회 통계)이라고 하니 만만치 않지요?

★〈참고〉 A점의 가격표 ★

★ 일반 메니큐어
기본케어 ￥3,000~5,000
컬러 ￥1,500~2,000

★ 패디큐어
기본케어 ￥8,000~
젤네일 ￥16,000~

★ 젤 네일
기본케어(클리어)
￥6,000~10,000

컬러 ￥7,000~
프랜치/그라데이션
￥2,000~3,000 추가
네일아트 ￥100~ 추가 (1손톱당)
지우기 ￥210~ (1손톱당)

> 물론 주머니 사정이 여의치 않았던 저는 기본 케어만 받고 돌아와야했답니다. 흑~ㅠㅠ

네이리스트 지정시
추가요금 ￥1,500~

06

<ruby>初<rt>はつ</rt>恋<rt>こい</rt></ruby>はいつでしたか。

첫사랑은 언제였나요?

　Track 039

1	あさ	朝	아침
2	ごぜん	午前	오전
3	ひる	昼	낮
4	ごご	午後	오후
5	ゆうがた	夕方	저녁
6	よる	夜	밤
7	よなか	夜中	새벽
8	おととい/おとつい	一昨日	그저께
9	きのう	昨日	어제
10	きょう	今日	오늘
11	あした/あす	明日	내일
12	あさって	明後日	모레
13	せんせんげつ	先々月	지지난 달
14	せんげつ	先月	지난 달
15	こんげつ	今月	이번 달
16	らいげつ	来月	다음 달
17	さらいげつ	再来月	다다음 달
18	おととし/いっさくねん	一昨年	재작년
19	さくねん	昨年	작년
20	ことし	今年	올해
21	らいねん	来年	내년
22	さらいねん	再来年	내후년

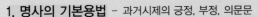

1. 명사의 기본용법 – 과거시제의 긍정, 부정, 의문문

이번 과에서는 명사의 과거시제 문형들을 살펴보도록 하겠습니다.

2. 시간을 나타내는 조수사

과거시제 문형을 만들기 위해서는 시간을 나타내는 조수사도 함께 필요하겠죠? 지난 과에서 배운 숫자읽기를 활용해서 시간의 흐름과 년, 월, 일 표현을 같이 공부해 봅시다.

2006 ⓲
2007 ⓳
2008 ⓴
2009 ㉑
2010 ㉒
⓭
⓮
⓯
⓰
⓱
❶
❹
❺
❻
❼
❽
❾
❿
⓫
⓬
Schedul
10
11
かよう
12
すいよう
13
もくようび
14
きんようび

初恋はいつでしたか。
はつ こい

 Track 040

スジン 初恋はいつでしたか。
　　　　 はつ こい

先生 中学３年生の時でした。
　　　 ちゅうがく さんねんせい とき

スジン ファーストキスもその時だったんですか？
　　　　　　　　　　　　　　とき

先生 いいえ、その時ではありませんでした。
　　　 　　　とき

　　　 実は片思いだったんです。
　　　 じつ かたおも

スジン まあ、それは残念ですね。
　　　　　　　　　　　ざんねん

첫사랑 얘기 해주세요!

난... 짝사랑을 했을 뿐이고!

 TIP

- 小学生(しょうがくせい) ― 中学生(ちゅうがくせい) ― 高校生(こうこうせい) ― 大学生(だいがくせい)
　초등학생　　　　　　　중학생　　　　　　　고등학생　　　　　　대학생
- 片思(かたおも)い : '짝사랑' 이라는 뜻으로 반대말은 ↔ 両思(りょうおも)い 가 됩니다.

70

첫사랑은 언제였나요?

수진 : 첫사랑은 언제였나요?

선생님 : 중학교 3학년 때였어요.

수진 : 첫키스도 그 때였어요?

선생님 : 아니요, 그 때가 아니었어요.

　　　　　사실 짝사랑이었거든요.

수진 : 어머 그건 참 아쉽네요.

- 初恋(はつこい) : 명 첫사랑
- いつ : 대 언제
- でした : 였습니다
- 中学(ちゅうがく) : 명 중학교
- 3年生(さんねんせい) : 명 3학년
- 時(とき) : 명 때
- ファーストキス : 명 첫키스
- 実(じつ)は : 부 사실은, 실은
- 片思(かたおも)い : 명 짝사랑
- 残念(ざんねん) : 명 아쉬움, 유감스러움

コンサートが昨日だったなんて。

 Track 041

スジン あのコンサート、いつだっけ？

ソヨン え、コンサート？

スジン うん。ボアの東京ライブ。

ソヨン あっ、そうだ！今日って何日？

スジン 10月10日だよ。

ソヨン がーん、最悪。昨日だったよ。

スジン え、本当？コンサートが昨日だったなんて。

ソヨン ショック！

すごく楽しみだったのに……。

이럴수가!

그 콘서트
어제였어~

 TIP

- だっけ？ : ～였더라? 조동사
「だ」＋ 종조사「け」＝「だっけ」～였더라?
- がーん : 충격받은 모습

- なんて : '…이라니. …하다니!' 의외・놀람・비판의 뜻을 나타냄
- がっかり : 실망하거나, 낙심해서 맥이 풀려버린 상태

72

콘서트가 어제였다니.

수진: 그 콘서트, 언제였더라?

소영: 어? 콘서트?

수진: 응. 보아의 도쿄 라이브.

소영: 아, 맞다! 오늘이 며칠이지?

수진: 10월 10일.

소영: 최악이다. 어제였어.

수진: 어? 정말? 콘서트가 어제였다니.

소영: 충격이야. 굉장히 기대했었는데….

 단어

- **あの** : 〔대〕저
- **コンサート** : 〔명〕콘서트
- **いつ** : 〔명〕언제
- **だっけ** : ～였더라?
- **ボア** : 〔고명〕보아
- **東京(とうきょう)** : 〔고명〕도쿄
- **ライブ** : 〔명〕라이브
- **あっ** : 〔감〕앗
- **そうだ** : 맞다, 그렇다
- **今日(きょう)** : 〔명〕오늘
- **何日(なんにち)** : 〔명〕며칠

- **昨日(きのう)** : 〔명〕어제
- **最悪(さい あく)** : 〔명〕최악
- **だった** : ～였다
- **え** : 〔감〕어?
- **本当(ほんとう)** : 〔명〕정말, 진짜
- **だった** : ～였다
- **なんて** : 〔부조〕～라니
- **がっかり** : 〔부〕실망, 낙심, 맥풀림
- **すごく** : 〔부〕매우, 굉장히
- **楽(たの)しみ** : 〔명〕기대함, 즐거움
- **のに** : 〔조〕～는데, ～인데

1. 명사의 과거시제 - 긍정, 의문, 부정형

		정중체	보통체
긍정	[명사] or [대명사]	でした ~(이)었습니다	だった ~(이)었다
의문		でしたか(↗) ~(이)었습니까?	だった？ ~(이)었어?
부정		ではありませんでした ~(이/가) 아니었습니다	ではなかった ~(이/가) 아니었다

■ 물론 과거형도 회화체 표현이 가능하겠지요? 그런데 한 가지 주의할 점은 「ありませんでした」의 회화체는 「なかったです」라는 점입니다. 「では → じゃ」는 마찬가지로 변형해서 사용할 수 있습니다.

> 회화체 (의미는 동일)
> ありませんでした → ないでした(X)
>   → なかったです(O)

⇒

> 합치면?
> ではなかったです
> じゃありませんでした

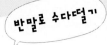

명사 だった + @

- **명사**
  - **だったわ** : だった(~이었다)와 같은 뜻이지만 わ를 붙이면 여성스러운 어감이 됩니다.
  - **だったよ** : 친근함을 나타내며, 강조나 가르침을 표현할 때 남녀공통으로 쓸 수 있어요.
  - **だったね** : 상대방에게 동의나 동조를 구하는 뜻이 가미돼요.
  - **だったかも** : ~이었을지도.
  - **だったのね** : ~이었던 것이구나.
  - **だったの(↗)** : ~이었던 것이야? ~였건거니? 다그치듯이 물어보는 느낌의 의문형이에요.
  - **だったかしら** : ~이었나? ~이었을까? 여성들이 주로 쓰는 의문형으로, 말끝을 내려서 읽으면 혼잣말처럼 의문을 갖는 표현이 돼요.

2. 시간을 나타내는 조수사

何年(なんねん) : 몇 년

1年 いちねん	2年 にねん	3年 さんねん	4年 よねん	5年 ごねん	6年 ろくねん

7年 しちねん/ななねん	8年 はちねん	9年 きゅうねん	10年 じゅうねん	11年 じゅういちねん	12年 じゅうにねん

何月(なんがつ) : 몇 월

(1) 1월, 2월, 3월, 4월 … 12월

1月 いちがつ	2月 にがつ	3月 さんがつ	4月 しがつ	5月 ごがつ	6月 ろくがつ
7月 しちがつ	8月 はちがつ	9月 くがつ	10月 じゅうがつ	11月 じゅういちがつ	12月 じゅうにがつ

(2) 1개월, 2개월, … 12개월 (달수)

一か月 いっかげつ	二か月 にかげつ	三か月 さんかげつ	四か月 よんかげつ	五か月 ごかげつ	六か月 ろっかげつ
七か月 ななかげつ	八か月 はっかげつ	九か月 きゅうかげつ	十か月 じゅっかげつ /じっかげつ	十一か月 じゅういっかげつ	十二か月 じゅうにかげつ

何日(なんにち) : 몇 일

日(にち) 일	月(げつ) 월	火(か) 화	水(すい) 수	木(もく) 목	金(きん) 금	土(ど) 토
	1日 ついたち	2日 ふつか	3日 みっか	4日 よっか	5日 いつか	6日 むいか
7日 なのか	8日 ようか	9日 ここのか	10日 とおか	11日 じゅういち にち	12日 じゅうに にち	13日 じゅうさん にち
14日 じゅう よっか	15日 じゅうご にち	16日 じゅうろく にち	17日 じゅうしち にち	18日 じゅうはち にち	19日 じゅうく にち	20日 はつか
21日 にじゅう いちにち	22日 にじゅう ににち	23日 にじゅう さんにち	24日 にじゅう よっか	25日 にじゅう ごにち	26日 にじゅう ろくにち	27日 にじゅう しちにち
28日 にじゅう はちにち	29日 にじゅう くにち	30日 さんじゅう にち	31日 さんじゅう いちにち			

신제품 천국 일본

일본 TV를 켜면 하루 동안에도 스무 번은 듣는 말이 무엇일까요? 짜자잔! 바로 신.하.쓰.바.이.라는 말입니다. 과연 무슨 뜻일까요?
신은 新신, 하쓰바이는 発売발매라는 뜻으로 붙여 보면 新発売!신발매 바로 신제품이 나왔음을 선전할 때 쓰는 말이랍니다.

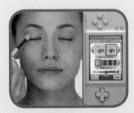

우스갯소리로 일본 아이들이 한국에 이민 와서 일주일도 안되서 입에 달고 다니는 말이 '아이고'라 한다지요? 반대로 한국 아이들이 일본에 가자마자 '예', '아니오' 외에 가장 빨리 배우는 말이 바로 이 신하쓰바이라고 할 만큼 일본 TV에서는 하루 종일 신하쓰바이를 연발하고 있답니다. 자고 일어나면 매일 매일 새롭게 쏟아지는 물건과 상품들. 경제 대국 일본의 면모도 엿볼 수 있는데요 우리 눈으로 보기에는 별난 상품도 많고 과연 저런 게 팔리긴 할까? 하는 의문이 드는 상품들도 있지만, 생활을 좀 더 편리하게, 좀 더 효율적으로 살아 보겠다는 고뇌와 연구의 산물이라고 생각하면 약간의 '경외심(?)'이 느껴지기도 합니다.

한편 우리 여성들의 입장에서 생활을 편리하게 해주는 상품이라면 역시 패션과 뷰티에 관련된 상품이겠지요? 재미있게도 매일 외출전 화장과 코디로 고민하는 우리 여성들을 위해 게임업체에서도 재미있는 상품들을 신하쓰바이를

했다는 건데요, 바로 닌텐도의 PROJECT BEAUTY와 플레이스테이션의 My Stylist, 입니다.

먼저 닌텐도의 프로젝트 뷰티는 메이크업을 미리 가상으로 설정해볼 수 있어서 본체에 달린 소형 카메라로 자신의 얼굴을 찍은 다음 파운데이션, 눈썹, 립스틱색깔, 볼터치 등을 자신의 얼굴에 맞게 선택하면 마치 실제 메이크업처럼 사진에 적용할수 있어요. 오늘 입을 옷에 잘 어울리는 메이크업은 무엇인지, 나의 장점을 최대한 살릴 수 있는 메이크업은 어떤 것인지 고민하는 여성분들에게 정말 딱이네요.

메이크업 다음 관문은 옷과 액세서리! 한 때 유행했던 노래 가사처럼 오늘은 또 어떤 옷을 입어야할지 고민고민하지마!!를 외치는 MyStylist로 외출 전에 자신의 옷과 악세사리로 미리 코디를 해볼 수가 있어요. 자신이 소지한 옷과 악세사리를 카메라로 찍어두면, 각 아이템에 맞추어 직접 코디를 해볼 수도 있고, 또, 자신의 옷색상과 해당 계절을 입력해두면, 카테고리별로 몇개의 아이템이 있는지 색상은 어느 것이 많은지를 그래프로 보여준다니 우리 여성들의 고민이 조금은 해결 될 수 있겠지요?

이 밖에도 핸드백에 들어가는 접어 넣을 수 있는 조깅화나 5단까지 접어 쓰는 우산, 대중교통 만으로는 이동하기 멀어 태어난 바퀴 달린 운동화, 스타킹을 신고 벗기가 귀찮고 자주 구멍이 나니 스타킹 효과를 내는 스프레이 스타킹등등 우리 나라에도 많이 알려진 일본에서 물 건너온(?)아이디어 상품들 덕택에, 우리의 생활도 조금씩 편리하게 바뀌어 가고 있는 것 같지요? 앞으로도 신하쓰바이의 위력! 기대해 봅니다.

何時から何時まで？

몇 시부터 몇 시까지인데?

 언제? Track 042

■	**なんようび**	何曜日	무슨 요일
1	**にちようび**	日曜日	일요일
2	**げつようび**	月曜日	월요일
3	**かようび**	火曜日	화요일
4	**すいようび**	水曜日	수요일
5	**もくようび**	木曜日	목요일
6	**きんようび**	金曜日	금요일
7	**どようび**	土曜日	토요일
8	**なんねん**	何年	몇 년
9	**なんがつ**	何月	몇 월
10	**なんにち**	何日	몇 일
11	**なんじ**	何時	몇 시
12	**なんぷん**	何分	몇 분
■	**なんびょう**	何秒	몇 초

조수사를 이용한 의문문 – 현재시제 의문문

지난 과에 이어 시간의 흐름을 나타내는 조수사, 그 중 시각에 대해 공부해 보겠습니다. 이어서 몇 명, 몇 살, 몇 장 등 의문사를 이용한 의문문 표현도 함께 살펴봅시다.

② ③ ④ ⑤ ⑥ ⑦ ① ⑧ ⑨ ⑩ ⑪ ⑫

^{なん}^{がつ}^{なん}^{にち}
何月何日ですか。

Track 043

フロント	もしもし。ＮＰホテルです。
ミ ホ	空_あき室_{しつ}はありますか。
フロント	何_{なん}月_{がつ}何_{なん}日_{にち}ですか。
ミ ホ	あ、9月_{く がつ}20日_{はつか}で一泊_{いっぱく}です。
フロント	ちょうど一室_{いっ しつ}残_{のこ}っていますが……。
ミ ホ	洋室_{ようしつ}ですか和室_{わ しつ}ですか。
フロント	和室_{わ しつ}です。
ミ ホ	良_よかった。それで予約_{よ やく}お願_{ねが}いします。

TIP

- もしもし : 전화를 걸고 받을 때 쓰는 말로 '여보세요'에 해당합니다.
- すみません : 미안할 때, 사과할 때, 감사의 뜻을 나타낼 때, 부탁할 때 쓰는 말.
- 20日(はつか) : 20일. 발음에 주의합시다!!
- 一泊(いっぱく) : 1박
  cf) 1박2일 「一泊(いっぱく)二日(ふつか)」

몇 월 몇 일입니까?

프론트 : 여보세요 NP 호텔입니다.

미호 : 빈 방은 있습니까?

프론트 : 몇 월 몇 일입니까?

미호 : 아, 9월 20일로 1박입니다.

프론트 : 마침 하나 남아있군요…….

미호 : 서양식입니까 일본식입니까?

프론트 : 일본식 방입니다.

미호 : 다행이다. 그걸로 예약 부탁합니다.

 필수표현

- もしもし : (전화상에서)여보세요
- 良(よ)かった : 다행이다
- お願(ねが)いします : 부탁합니다, ~해주세요

 **단어**

- フロント : 명 프론트
- ホテル : 명 호텔
- 空(あ)き室(しつ) : 명 빈 방
- 何月(なんがつ) : 명 몇 월
- 何日(なんにち) : 명 몇 일
- で : 조 ~로
- 一泊(いっぱく) : 명 1박
- ちょうど : 부 마침, 딱, 정확히
- 一室(いっしつ) : 조수 1실, 1객실
- 残(のこ)っていますが : 동 남아있습니다만
- 洋室(ようしつ) : 명 서양식 객실
- 和室(わしつ) : 명 다다미를 깐 일본 전통식 객실
- 予約(よやく) : 명 예약

誰かの誕生日？

Track 044

スジン	この香水、どう？
ソヨン	え、誰かの誕生日？
スジン	これからミホの誕生日パーティーなの。時間大丈夫？
ソヨン	何時から何時まで？
スジン	だいたい７時ぐらいから夜中までじゃない？
ソヨン	場所はどこ？
スジン	たぶん学校の近く。
ソヨン	どうしようっかな……。

TIP

- どう？ : 어때?
- ～から …まで : ～부터 …까지. 시작과 끝을 가리키는 조사입니다.
- ぐらい/くらい : 대체적인 시간의 길이를 나타낼 때 쓰입니다.

누구 생일이야?

수진: 이 향수 어때?

소영: 어? 누구 생일이야?

수진: 지금부터 미호 생일파티야. 시간 괜찮아?

소영: 몇 시부터 몇 시까지인데?

수진: 대략 7시정도부터 새벽까지 아닐까?

소영: 장소는 어디야?

수진: 아마도 학교 근처.

소영: 어떻게 할까…….

- 香水(こうすい) : 몡 향수
- どう : 분 어때, 어떻게
- 誰(だれ) : 데 누구
- 誕生日(たんじょうび) : 몡 생일
- これから : 분 이제부터, 지금부터
- パーティー : 몡 파티
- 時間(じかん) : 몡 시간
- 大丈夫(だいじょうぶ) : 분 형동 괜찮음, 끄떡 없음, 걱정없음
- 何時(なんじ) : 데 몇 시
- から : 조 부터

- まで : 조 까지
- だいたい : 분 대략, 대충
- ぐらい : 조 정도 (くらい)
- 夜中(よなか) : 몡 한밤중, 새벽
- 場所(ばしょ) : 몡 장소
- どこ : 데 어디, 어느 곳
- たぶん : 분 아마도
- 学校(がっこう) : 몡 학교
- 近(ちか)く : 몡 근처, 가까운 곳
- どうしよう : 어떻게 할까, 어쩌지

1. 조수사 이용해서 질문하기

[명사] or [대명사]	は 은/는	<ruby>何人<rt>なんにん</rt></ruby> 몇 명 <ruby>何歳<rt>なんさい</rt></ruby> 몇 살 <ruby>何<rt>なん</rt></ruby>センチ 몇 센티 <ruby>何個<rt>なんこ</rt></ruby> 몇 개 <ruby>何枚<rt>なんまい</rt></ruby> 몇 장 <ruby>何本<rt>なんぼん</rt></ruby> 몇 자루	ですか 입니까?

2. 조수사

색글씨는 유의해서 봐주세요!

	<ruby>何人<rt>なんにん</rt></ruby> 몇 명	<ruby>何歳<rt>なんさい</rt></ruby> 몇 살	<ruby>何枚<rt>なんまい</rt></ruby> 몇 장	<ruby>何本<rt>なんぼん</rt></ruby> 몇 자루	<ruby>何冊<rt>なんさつ</rt></ruby> 몇 권	いくら 얼마
1	ひとり	いっさい	いちまい	いっぽん	いっさつ	いちえん
2	ふたり	にさい	にまい	にほん	にさつ	にえん
3	さんにん	さんさい	さんまい	さんぼん	さんさつ	さんえん
4	よにん	よんさい	よんまい	よんほん	よんさつ	よえん
5	ごにん	ごさい	ごまい	ごほん	ごさつ	ごえん
6	ろくにん	ろくさい	ろくまい	ろっぽん	ろくさつ	ろくえん
7	ななにん (しちにん)	ななさい	ななまい	ななほん	ななさつ	ななえん
8	はちにん	はっさい	はちまい	はちほん	はっさつ	はちえん
9	きゅうにん	きゅうさい	きゅうまい	きゅうほん	きゅうさつ	きゅうえん
10	じゅうにん	じゅっさい	じゅうまい	じゅっぽん	じゅっさつ	じゅうえん

스무 살은 예외적으로 **はたち(20歳)** 라고 발음하니 주의하세요!

例 子供は何歳ですか。　　아이는 몇 살입니까?
→ 一歳です。　　　　　1살입니다.

3. 몇 시 / 몇 분

何時 : 몇 시

1時 いちじ	2時 にじ	3時 さんじ	4時 よじ	5時 ごじ	6時 ろくじ
7時 しちじ	8時 はちじ	9時 くじ	10時 じゅうじ	11時 じゅういちじ	12時 じゅうにじ

何分 : 몇 분

一分 いっぷん	二分 にふん	三分 さんぷん	四分 よんぷん/ よんふん	五分 ごふん	六分 ろっぷん
七分 ななふん	八分 はっぷん	九分 きゅうふん	十分 じっぷん/ じゅっぷん	二十分 にじっぷん/ にじゅっぷん	

4. 명사의 선택문

'[명사] ですか' 형태의 의문문을 두 개 합쳐서 A or B 를 묻는 의문문을 만들 수 있습니다.
둘 중 하나의 선택을 질문하는 문장이니 답은 예/아니오가 될 수 없겠죠?

[명사] ですか [명사] ですか	[명사] 입니까 [명사] 입니까?

例 洋室ですか和室ですか。　　서양식입니까 일본식입니까?
日本人ですか韓国人ですか。　일본인입니까 한국인입니까?
今日ですか明日ですか。　　　오늘입니까 내일입니까?

일본의 료칸 旅館

일본의 료칸 **旅館!**
한자 그대로 읽으면 '여관'이다 보니 우리네 생각에 일본의 료칸을 한국의 여관과 비슷한 것으로 오해하시는 분도 많으시지요? 그래서 이번 시간에는 일본의 료칸에 대한 오해와 궁금증들을 하나하나 파헤쳐 보겠습니다.

먼저 일본의 료칸은 어떤 곳일까요? 쉽게 말해, 호텔과는 달리 일본의 정취가 물씬 풍기는 전통적인 숙박시설이라 할 수 있어요. 대대로 가업을 잇는 문화가 남아 있는 일본에는 몇 대 째 대를 이어 내려오고 있는 유서 깊은 료칸도 많고요. 하나같이 일본식 전통 가옥에 **畳**다다미로 된 **和室** 일본식 방과 그 지방의 특산물로 요리한 음식, 그리고 여독을 풀 수 있는 **温泉**온천이 마련되어 있답니다.

먼저 다다미방은 넓고, 가구는 낮은 테이블이나 혹은 작은 테이블 세트가 놓여 있고, 베란다가 딸려 있어요. 벽은 묵화액자로 수수하게 장식되어 있어 일본의 옛 주거의 모습을 즐길 수 있지요.

우선 료칸에 도착하면 **女将**오카미라 불리는 료칸을 관장하는 여주인의 따뜻하고 깍듯한 환대를 받을 수 있는데요, 만약 저녁 시간이 될 때까지 여유가 있다면 주변을 산책하는 것도 하나의 재미가 될 것 같네요. 보통 료칸이 모여

있는 곳은 관광지구나 온천지구가 많아 일본 특유의 정취를 만끽할 수 있는 풍경들을 많이 볼 수 있거든요. 가벼운 차림으로 주위 산책도 하고 작은 소품들도 함께 구경해 보세요. 온천은 보통 대형탕과 露天風呂 노천탕, 그리고 가족이 함께 목욕할 수 있는 작은 가족탕들이 있답니다. 흔히 일본의 온천하면 떠올렸던 혼탕은 이제 먼 옛날 이야기! 지금은 남탕과 여탕이 따로따로 되어 있어요.

자, 기다리고 기다리던 저녁식사는 방에서 융숭하고 정갈하게 차려진 밥상을 받아볼 수 있는데요, 료칸 직원의 친절한 서비스를 받으면서 그 고장 특산물도 맛보고 일본의 맛을 즐길 수 있으니까 료칸에 머무신다면 이 저녁식사를 빼놓아서는 안될 것 같아요. 한편 료칸은 서양식 호텔과 달리 침대가 없고 바닥에 이불을 깔고 자야 하는데요, 저녁을 먹고 나면 기모노를 입은 룸 메이드가 방에 침구를 깔아 준답니다.

보통 료칸은 1박 2식을 포함한 어른 1인당 요금이 기본이 되는데, 아주 저렴한 곳에서는 료칸 특유의 융숭한(?) 대접은 좀 기대하기 어려울지도 모르겠어요. 우리와 또 다른 숙박문화를 가진 일본. 때로는 바쁜 일상에서 벗어나 그동안 쌓인 피로를 따뜻한 온천물에 녹여버리고 마치 왕이 된 것 같은 융숭한 저녁을 대접받을 수 있는 일본 료칸으로 떠나 보시는 건 어떤가요?

08

カプチーノは
いくらですか。

카푸치노는 얼마에요?

 카페에서 Track 045

1 アメリカーノ		아메리카노
2 ドリップ コーヒー		드립커피
3 ホット コーヒー		뜨거운 커피
4 アイス コーヒー		아이스 커피
5 カプチーノ		카푸치노
6 エスプレッソ		에스프레소
7 キャラメル マキアート		카라멜 마끼아또
8 こうちゃ	紅茶	홍차
9 ミルクティー		밀크티
10 レモンティー		레몬티
11 ココア		코코아
12 カルアミルク		깔루아밀크
13 ぎゅうにゅう	牛乳	우유
14 コーラ		콜라
15 サイダー		사이다
16 レモネード		레몬에이드
17 オレンジ・ジュース		오렌지쥬스
18 フラペチーノ		프라프치노

의문사

우리말로 '누구, 무엇, 언제' 등이 이에 해당하며 품사는 대명사 · 형용사 · 부사 등으로 다루어집니다. 의문사의 용법은 문장에서 의문의 초점이 되는 사물 · 사태를 제시하여 상대에게 설명을 구하는 의문문을 만드는 데 있습니다. 이번 과 에서는 사물의 가격을 묻는 '얼마'를 중심으로 의문사를 이용한 의문문을 공부해 보도록 하겠습니다.

カプチーノはいくらですか。

🎧 Track 046

店員(てんいん) いらっしゃいませ。

スジン カプチーノはいくらですか。

店員(てんいん) ４２０円(よんひゃくにじゅうえん)です。

スジン ショットの追加(ついか)はいくらですか。

店員(てんいん) 50円(ごじゅうえん)です。

スジン じゃ、それでお願(ねが)いします。 あと、クッキーもひとつ。

店員(てんいん) カプチーノとクッキー、それぞれひとつですね。
合計(ごうけい)６７０円(ろっぴゃくななじゅうえん)です。お持(も)ち帰(かえ)りですか。

スジン はい。

> 샷 추가는
> 얼마에요?

> 단골이시니까
> 서비스~

🚩 **TIP**

- お持(も)ち帰(かえ)り : 그대로 해석하면 '가지고 돌아가기'라는 뜻으로 테이크아웃의 일본식 표현입니다. 가타카나로 テークアウト라고도 합니다. 영어로 하면 'to go'가 되겠지요.

카푸치노는 얼마에요?

점원 : 어서오세요.

수진 : 카푸치노는 얼마에요?

점원 : 420엔입니다.

수진 : 샷 추가는 얼마에요?

점원 : 50엔입니다.

수진 : 그럼 둘 다 부탁해요. 그리고 쿠키도 하나.

점원 : 카푸치노와 쿠키, 각각 하나씩이지요.
　　　 합계 670엔입니다. 테이크아웃이신가요?

수진 : 네.

 필수표현

- いらっしゃいませ : 어서오세요
- いくらですか : 얼마입니까?
- お願(ねが)いします : 부탁합니다 (주세요)

 단어

- 店員(てんいん) : 명 점원
- カプチーノ : 명 카푸치노
- ひとつ : 명 하나, 한 개
- ショット : 명 샷
- 追加(ついか) : 명 추가
- 円(えん) : 명 엔
- じゃ : 접 그럼
- あと : 접 그리고
- クッキー : 명 쿠키
- も : 조 ~도
- と : 조 ~와/과
- それぞれ : 부 각각
- 合計(ごうけい) : 명 합계

この間っていつのこと？

 Track 047

スジン	今日は私のおごりね。
ソヨン	えっ、どうして？
スジン	この間のお返しよ。
ソヨン	この間っていつのこと？
スジン	ほら、ミホの誕生日パーティー。
ソヨン	ああ、それね。別にいいのに……。

내가 쏠게!

왠일?

 TIP

- おごり : 한턱 냄, 사치, 호사
- この間(あいだ) : 지난 번
- のこと : ~에 관한 것, ~의 것
- ほら : 주의환기를 위한 감탄사입니다. '저것 봐', '거봐', '왜 있잖아' 등으로 해석됩니다.

- 別(べつ)にいいのに : 그대로 해석하면 '별로 괜찮은데'가 됩니다. 이 문맥에서는 '그렇게 신경쓰지 않아도 되는데…' 정도가 되겠죠?

지난번이라니 언제?

수진: 오늘은 내가 쏠게.

소영: 어? 왜?

수진: 지난 번 답례야.

소영: 지난 번이라니 언제?

수진: 있잖아 왜, 미호 생일 파티 날.

소영: 아아 그거. 안 그래도 되는데….

 단어

- 今日(きょう) : 명 오늘
- おごり : 명 한턱 쏨
- どうして : 대 부 왜
- この間(あいだ) : 명 지난 번
- お返(かえ)し : 명 보답, 답례
- って : 연 ~라니
- いつ : 대 언제
- ああ : 감 아아

1. 의문사 이용해서 질문하기

[명사] or [대명사]	は 은/는	いくら 얼마 〈가격〉 いつ 언제 〈시점〉 どこ 어디 〈장소〉 どちら 어느 쪽 〈방향〉 だれ 누구 〈사람〉 なぜ/どうして 왜 〈이유〉 何 무엇 〈사물〉	ですか 입니까?

例 クッキーはいくらですか。　쿠키는 얼마입니까?

　あなたはだれですか。　　당신은 누구입니까?

　それはどうして?　　　　그건 왜?

2. [명사]ください : [명사]주세요

[명사] ください [명사] お願いします	[명사] 주세요

■ 상대방에게 무언가를 달라고 요구할 때, 또는 음식점에서 주문할 때 쓰는 '~주세요' 표현입니다. 「ください」 대신 본래 '~부탁합니다'의 뜻을 가진 「お願いします」를 붙여도 마찬가지로 '~주세요'라는 의사표현이 됩니다.

例 これください。　　　　이거 주세요.

　あれもお願します。　　저것도 주세요.

보통체와 여성어 만들기
단정을 나타내는 조동사 「だ」+ 종조사 @

- **명사**

  だよ: だ(~이다)와 같은 뜻이지만 조금 더 친근한 어감이며, 내용을 강조하는 느낌이 듭니다. 남녀공통으로 쓸 수 있어요.

  だね: '~(이)지, ~구나' 상대방에게 동조나 동의를 구하는 뜻이 담겨 있어요.

  だよね: 두 가지 종조사 'よ'와 'ね'를 합친 형태로, 친근하게 공감을 나타내는 표현이지요.

  だわ: 어미에 わ를 붙이면 여성스러운 느낌이 물씬 풍겨요. '어머!' 등의 감탄사와 함께 쓰면 어울리겠지요?

  だぞ: 자기 생각을 강하게 주장하며 다짐하는 뜻을 나타내는 말로 주로 남자가 쓰는 말이에요.

  だぜ: 남성들이나 아이들이 주로 쓰는 표현입니다.

  なの: '~(이)야.' 말끝을 내리면 단정을 나타내며 이 경우 여성스러운 느낌이 많이 납니다.

  なのよ: よ를 붙임으로써 '~거든', '~인거야'라는 느낌이 가미됩니다. 또 매우 여성스러운 어감이 되기 때문에 남성들은 잘 사용하지 않아요. 우리말 '~거든요'와는 또 다른 어감이에요.

디저트 천국 일본

이름만 들어도 달콤한 **デザート** 디저트(dessert)! 코스요리를 먹을 때 다른 어떤 요리보다도 마지막에 먹게 되는 디저트에 대한 인상이 가장 강렬하게 남는다는 말도 있듯이 디저트는 우리의 식생활에 빼놓을 수 없는 요소이지요.

일본은 디저트 천국이라 불릴 정도로 디저트 문화가 발달해 있어요. 꼭 식후에 먹는 dessert라기 보다도 차와 곁들여 먹으면 입이 즐거워지는 sweets의 개념으로 사랑받고 있어요. 남녀노소를 불문하고 일반인들의 디저트에 대한 관심이 높아 디저트 카페는 바쁜 일상 속에서 여유를 즐기기 위한 문화로서 자리잡고 있고요, 또 맛있기로 소문난 디저트 가게 앞에는 365일 긴 줄이 늘어서 문전성시를 이룰 정도에요. 뭐든 자기 손으로 만드는 것을 좋아하고 아기자기하게 꾸미는 능력이 있는 일본 사람들인 만큼 홈베이킹도 활발해서 재료나 레시피를 구하기도 쉬워요.

♥ ♥ ♥ ♥ 그리고 일본에는 **デザートビュッフェ** 디저트 뷔페가 참 많아요. 이곳은 **バイキング/食べ放題** 바이킹 형식으로 정해진 시간 동안 파르페, 케이크, 타르트, 푸딩 등을 마음껏 가져다 먹을 수 있게 되어 있어요. 가격대는 1~2시간에 1,000엔~3,000엔 정도이고 주로 평일 오후와 같이 매장이 한가한 시간대에 하는데요, 그래도 항상 사람들이 북적북적할 정도로 인기가 있어요. 여자들끼리 실컷 즐기라는 배려에서인지 남성들은 입장이 제한된 곳도 있고요. 디저트뿐 아니라 샌드위치나 스파게티 등 간단한

식사도 함께 제공하는 착한 가게도 있답니다. 호텔에서 하는 디저트 뷔페라면 각 시즌의 이벤트를 잘 활용하면 좋겠죠?

♥ ♥ ♥ ♥ 일본하면 빼놓을 수 없는 게 또 있죠. 바로 **和菓子**(わがし)화과자인데요, **緑茶**(りょくちゃ)녹차나 **抹茶**(まっちゃ)말차를 마실 때 쓰고 텁텁한 맛을 덜기 위해 먹는 단맛의 과자이죠. 본래 **薄茶**(うすちゃ)옅은차는 바삭바삭하게 만든 건과자와, **濃茶**(こいちゃ)진한차는 수분 함량이 높아 촉촉한 생과자와 함께 내놓는 것이 다도의 기본이라고 해요.

우리나라의 한과도 그렇듯이 일본의 화과자는 설탕, 물엿, 쌀, 보리, 콩 등 몇 가지 안 되는 비교적 단순한 재료를 가지고 만드는데요, 이 때 입으로 먹는 맛뿐 아니라 눈으로 보았을 때의 아름다움에도 큰 비중을 둔다는 점이 특징이지요. 과일 소재를 쓰는 일이 드물고, 기름을 거의 쓰지 않는다는 점도 다른 나라의 전통과자와 구분되는 점이겠네요.

화과자는 예술적인 측면을 중시해요. 여름이면 시원함을 느낄 수 있도록 투명한 형태로 만들고 봄에는 벚꽃의 빛깔과 모양을 본따 나뭇가지와 함께 장식하는 등 계절감을 표현하는 경우가 많아요.

여자들끼리 메인 디시를 실컷 배부르게 먹어 놓고도 아이스크림을 주문하며 '디저트 들어갈 배는 따로 있다'고 한 적 있지 않나요? 일본에도 이것과 같은 뜻의 '디저트는 다른 배'「**デザートは、別腹**(べつばら)」라는 말이 있답니다.

09

あした は
明日は晴れでしょう。

내일은 맑겠습니다.

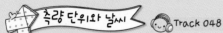 측량 단위와 날씨 Track 048

1	メートル	m	미터
2	センチメートル	cm	센티미터
3	キロメートル	km	킬로미터
4	平方(へいほう)メートル	m2	제곱미터
5	立方(りっぽう)メートル	m3	세제곱미터
6	グラム	g	그램
■	ミリグラム	mg	미리그램
7	キログラム	kg	킬로그램
8	インチ	inch	인치
■	マイル	mile	마일
■	リットル	ℓ	리터
9	カラット	ct	캐럿
■	てんき	天気	날씨
10	はれ	晴れ	맑음
11	くもり	曇り	흐림
12	あめ	雨	비
13	ゆき	雪	눈
14	かみなり	雷	천둥
15	つゆ	梅雨	장마
16	たいふう	台風	태풍
17	しも	霜	서리
18	なだれ	雪崩	눈사태
19	つなみ	津波	쓰나미

 학습목표

명사의 추량 · 추측 표현

이 과에서는 명사의 추량 · 추측표현을 이용한 문형을 익혀보도록 하겠습니다. '[명사]이다'와 같이 단정지어 말할 수 없을 때 쓰는 용법으로 우리말로는 '[명사]이겠지' 또는 '[명사]일 것이다'로 해석할 수 있습니다.

09 핵심회화1.

明日(あした)は晴(は)れでしょう。

Track 049

ミホ 今日(きょう)は曇(くも)りときどき雨(あめ)、

最高気温(さいこうきおん)は18℃(じゅうはちど)の見込(みこ)みです。

明日(あした)は晴(は)れでしょう。

スジン いきなり何(なに)？

ミホ 以上(いじょう)、ニュース番組(ばんぐみ)の練習(れんしゅう)でした。

スジン なるほどね。でも、どうして天気予報(てんきよほう)？

ミホの夢(ゆめ)ってアナウンサーなんでしょ。

ミホ 気象(きしょう)キャスターもいいかなって。

TIP

- 番組(ばんぐみ) : 방송, 연예, 경기 등의 프로그램을 말하며, 영어 그대로 プログラム라고도 합니다.
- なるほど : 상대편의 말에 긍정하거나 동의하는 뜻을 나타내며 '아하 그렇군'

내일은 맑겠습니다.

미호: 오늘은 흐린 날씨에 때때로 비가 오며,
　　　최고기온은 18℃가 될 전망입니다.
　　　내일은 맑겠습니다.

수진: 갑자기 뭐야?

미호: 이상, 뉴스 프로그램 연습이었습니다!

수진: 그렇구나. 그런데 왜 일기예보야?
　　　미호 꿈은 아나운서라며.

미호: 기상 캐스터도 괜찮겠다 싶어서요.

- 曇(くも)り : 명 흐림
- ときどき : 부 가끔, 때때로
- 雨(あめ) : 명 비
- 最高(さいこう) : 명 최고
- 気温(きおん) : 명 기온
- ℃(ど) : 단위 도
- 見込(みこ)み : 명 전망
- 晴(は)れ : 명 맑음
- いきなり : 부 갑자기
- 以上(いじょう) : 명 이상
- ニュース : 명 뉴스

- 番組(ばんぐみ) : 명 TV프로그램
- 練習(れんしゅう) : 명 연습
- なるほど : 감 그렇구나
- でも : 접 그러나
- どうして : 부 왜, 어째서
- 天気予報(てんきよほう) : 명 일기예보
- 夢(ゆめ) : 명 꿈
- アナウンサー : 명 아나운서
- 気象(きしょう) : 명 기상
- キャスター : 명 캐스터
- いいかな : 좋을까, 괜찮지 않을까

あれは178cmでしょう。

🎧 Track 050

ソヨン　　春になると、なんかウキウキするわね。

スジン　　あ、イケメン発見(はっけん)。

ソヨン　　え、どこどこ？あら、まだ独身(どくしん)かな。

スジン　　そうでしょう。25歳(にじゅうごさい)くらいじゃない？

　　　　　身長(しんちょう)は180(ひゃくはちじゅっ)ｃｍ(センチ)ギリギリね。

ソヨン　　いや、あれは178(ひゃくななじゅうはち)でしょう。

　　　　　ゴルフ選手(せんしゅ)かなんかじゃない？

スジン　　あなた、まるで専門家(せんもんか)ね。

🚩 TIP

- イケメン : 꽃남, 꽃미남, 얼짱맨 등으로 해석할 수 있습니다.
- ギリギリ : 아슬아슬, 빠듯하게 딱 맞는 것을 말합니다.
- まるで [명사] : 마치 [명사]와 같다는 뜻으로 해석할 수 있습니다.
- [명사]かなんか : [명사]나 무언가

내일은 맑겠습니다.

소영: 봄이 되면 왠지 모르게 마음이 들떠.

수진: 앗, 꽃남 발견!

소영: 어? 어디어디? 어머 아직 싱글일까.

수진: 그렇겠지. 25살 정도 아니야?

키는 180cm 아슬아슬한데.

소영: 아니야, 저 사람 178cm일거야.

골프선수나 뭐 그런 거 아닐까?

수진: 너 완전 전문가 같다?

- **春(はる)** : 명 봄
- **になる** : ~가 되다
- **なんだか** : 왠지
- **ウキウキ** : 두근두근, 들썩들썩, 들뜨는 기분
- **イケメン** : 명 꽃미남
- **発見(はっけん)** : 명 발견
- **どこ** : 대 어디
- **あら** : 감 어머나, 어머

- **まだ** : 부 아직
- **独身(どくしん)** : 명 싱글, 독신
- **身長(しんちょう)** : 명 키, 신장
- **ギリギリ** : 부 아슬아슬
- **ゴルフ** : 골프
- **選手(せんしゅ)** : 명 선수
- **まるで** : 부 마치
- **専門家(せんもんか)** : 명 전문가

1. 명사의 추측표현

명사 / 대명사	추측형 조동사
曇^{くも}り 흐린 날씨 サッカー選手^{せんしゅ} 축구선수 180cmくらい 180cm정도	정중체 でしょ(う) ~겠지요 보통체 だろう ~겠지, ~것이다

(1) 문장 끝의 억양에 따라 의미가 달라진다는 점에 주의하세요!

でしょ(う) ↘   ~겠지요 : 자신의 추측을 표현
でしょ(う) ↗   ~(이)지요? : 상대방의 생각을 확인

(2) 명사의 추측표현에 「か」를 붙이면 단순 질문이라기 보다 독백/반문의 느낌이 납니다.

でしょうか   (과연) ~일까요? 〈정중체〉
だろうか   ~일까? 〈보통체〉

2. [명사] + になる : ~(이)가 되다

例 先生^{せんせい}になる   선생님이 되다
春^{はる}になる   봄이 되다
大人^{おとな}になる   어른이 되다.

3. [동작성 명사] + する(하다)

ドキドキ 두근두근 散歩^{さんぽ} 산책 恋^{こい} 연애, 사랑	+ する (하다)	→	ドキドキする 두근두근거리다 散歩^{さんぽ}する 산책하다 恋^{こい}する 연애하다, 사랑하다

응답 표현으로 쓰이는 감동사

일본어에도 다양한 감동사가 있습니다. 대부분 응답 문장의 첫머리에 쓰이는데요, 대표적인 감동사의 용법을 알아볼까요?

■ ああ

긍정이나 동의를 나타내는 의미로 뒤에 「そうですか (그렇군요)」가 붙어 맞장구를 칠 때 자주 사용됩니다.

■ あっ

짧게 「あっ!」이라고 하면 '앗!', '아!', '이크' 하며 놀라거나 감동했을 때의 표현이 됩니다. 그 밖에도 문득 어떤 일이 생각났을 때, 위험한 때 등에 지르는 소리로도 쓰입니다. 사과의 표현 「すみません / ごめんなさい」등과 어울리겠네요.

■ ええ

어떤 질문에 대해 「ええ」하고 말을 받으면 우리말 '네에' 와 같이 상대방의 말을 긍정하거나 승낙하는 의사표현이 됩니다. 「はい(예)」하고 명확히 답하는 것보다 부드러운 느낌을 주고 뒤에 다른 말을 이어서 할 때 자주 쓰입니다.

■ えっ

상대방의 말에 놀라거나 당황했을 때 쓰는 표현으로 '어? 뭐라고?!'정도로 볼 수 있습니다. 「えーっ」하고 길게 발음하면 의외의 사실에 대해 의구심을 표현하는 뜻이 되기도 합니다.

■ へえ

상대방의 말에 감탄하거나 부러움을 나타낼 때 쓰입니다. '호오', '흠' 이 정도 뉘앙스가 되겠네요.

■ さあ

두 가지 쓰임이 있습니다. 우선 '자!'라는 의미로 무언가를 제안하거나 권유할 때 힘차게 외치면 주의를 환기하는 효과가 있겠지요. 두 번째는 상대방의 질문에 대해 정확한 답을 말할 수 없을 때 '글쎄?'정도로 사용할 수 있습니다. 이 때 고개를 갸우뚱 해주면 효과 두 배!

■ うわあ / わあ

'우와!, 와아!' 하는 소리 그대로 놀라거나 감탄했을 때의 감탄사입니다. 우리말과 비슷하지요?

■ あら / あらあら

주로 여성이 쓰는 말로, 응답 표현에서는 특히 상대방의 얘기나 상황이 나빠서 놀랄 때 '어머 / 어머머'라는 의미로 쓰입니다.

■ まあ

뜻 밖의 사실에 놀라거나 감탄했을 때 쓰는 말로, 좋은 일이든 나쁜 일이든 사용할 수 있습니다. '어머나'와 '우와'를 합친 감탄사 정도로 생각하면 되겠네요.

■ あれ

무언가 이상하다고 느낄 때나 생각과 다른 일이 벌어졌을 때 쓰는 표현으로 '어라?' '아니?'정도로 해석해 볼 수 있습니다.

■ ええと / あのう

상대방의 질문에 말이 막히거나 시간을 끌기 위해 쓰는 말입니다. 우리 말에서 '음', '그게 그러니까' 하며 주저함을 나타내는 것과 비슷합니다.

테루테루보즈

♥ 여러분은 어린 시절 **遠足**_{えんそく}소풍이나 **運動会**_{うんどうかい}운동회을 앞두고, 혹시나 다음날 비가 오지 않을까 하는 걱정에 잠을 못 이루었던 경험이 있으신가요?

필자는 반대로 이어달리기 선수로 나가라는 선생님의 말씀을 듣고 짝사랑하던 친구 앞에서 혹 넘어지기라도 하면 어떻게 하나 하는 걱정에 운동회날 비가 오기를 간절히 바란 적도 있었지만요. 보통 소풍과 운동회는 일년 중 기다리고 기다리던 행사인만큼 맑은 날씨를 바라는 마음은 한국이나 일본이나 같을 것 같아요.

그런데 여러분! 일본에는 비가 오지 않기를 바라는 마음을 담은 재미있는 풍습이 있답니다.

♥♥ 비가 오고 있거나 내일 중요한 행사가 있어서 비가 오지 않기를 바랄 때, 그 마음을 담아 지붕 밑이나 창가에 매다는 아주 귀여운 인형이 있는데요. 요즘도 일본에서는 초등학생들이 소풍 전 날에 이 **てるてるぼうず**를 만들어 창가에 걸어놓고 '**あした、晴れますように**_は 내일 맑게 해주세요'라고한답니다.

♥♥♥ 참 그런데, 이 테루테루보즈라는 말을 하나하나 살펴보면 참 재미있어요. 우선 **てる(照る)**는 '빛나다', '하늘이 개다'라는 뜻을 갖는 동사고요. **ぼうず(坊主)**는 '스님', '꼬마', '까까머리' 등의 뜻이예요. 우리말로 하자면 '날씨가 맑아지라고 매달아놓는 까까중'이라 할까요? 이름도 생긴 것도 재미있는 인형! 한 번 만들어 볼까요?

제가 바로
테루테루보즈 **てるてるぼうず** 라는 인형이예요.

★ 테루테루보즈 만들기 ★

준비물 : 휴지, 흰 천, 실이나 고무줄, 매직

1. 먼저 휴지를 돌돌 말아 동그랗게 만듭니다.

2. 그 위에 흰 천을 덮어 고무줄이나 실로 동동 감아줍니다. 머리 + 치마와 같은 모양으로 만듭니다.

3. 눈코입을 그립니다.

4. 실이나 고무줄로 연결해서 창가에 매달아 봅니다. 비가 오지 않도록 해달라는 마음을 듬뿍 담아!

10

<ruby>私<rt>わたし</rt></ruby>には<ruby>大<rt>おお</rt></ruby>きいわ。

나에게는 커.

 Track 051

■ おさけ	お酒	술
1 ビール		맥주
2 しょうちゅう	焼酎	소주
3 にほんしゅ	日本酒	일본술
4 れいしゅ	冷酒	차갑게 한 일본술
5 あつかん		뜨겁게 한 일본술
6 ちゅうハイ	酎ハイ	알코올이 들어 있는 탄산수
7 ワイン		와인
8 ウォッカー		보드카
9 シャンパン		샴페인
10 ブランデー		브랜디
■ どぶろく		막걸리
11 カクテル		칵테일
■ おちゃわり/りょくちゃわり	お茶割り/緑茶割り	녹차와 섞은 술
■ ウーロンわり	ウーロン割り	우롱차와 섞은 술
12 うめわり	梅割り	매실장아찌와 뜨거운 물로 희석한 술
13 おつまみ		안주
14 かんぱい	乾杯	건배
■ いっきのみ/いっき	一気飲み/一気	원샷
■ にじかい	二次会	2차
■ ふつかよい	二日酔い	숙취

い형용사 – 기본적 특징과 활용

형용사는 사물의 성질·상태·사람의 감정·감각·판단 등을 나타내는 품사입니다. 그 중 い형용사는 기본형이 모두 「~い」로 끝나며, 활용을 하여 명사를 수식하기도 하고 문장의 술어가 되기도 하지요.

이 장에서는 い형용사의 기본적 특징은 무엇인지, 명사를 수식할 때와 의문문 표현을 만들 때는 어떻게 활용하는지에 대해 알아볼까요?

❶
PRIME TIME
YEBISU
SUNTONY
The PREMIUM MALTS
KARAKUCHI
DRY
Asahi
SAPPORO
❷
BOMBOM
GUINNESS
GUINNESS EXTRA STOUT
SAPPORO
❻
PELLEGRINO
❼
CALVET
BORDEAUX
❽
ABSOLUT VODKA
IMPORTED
❾
❿
FRANCOIS
XO
❸
❿
⓫
❹
❺
⓬
⓭
⓮

私には大きいわ。

 Track 052

スジン 私、新しいワンピースがほしいな。

ソヨン あ、あれかわいい。

スジン でも、私には大きいわ。

でも、私には似合わないかも。

옷에
몸을 맞춰!

맘에 드는데
넘 커~

🚩 **TIP**

• ～わ

여성들이 주로 쓰는 가벼운 주장, 결의, 영탄을 나타내는 종결어미로 여성스럽고 부드러운 어감을 나타냅니다.

 • 似合う : '어울리다'라는 동사가 등장해요. 1그룹 동사라는 것인데요, 이 1그룹동사는 어미 う단이

あ단으로 바뀌면서 부정형 어미 ない가 붙어 부정의 뜻을 나타내요. 아직은 조금 어렵지만 맛보기

정도로 알아두세요.

나에게는 커.

수진: 나 새로운 원피스가 갖고 싶어.

소영: 아, 이거 예쁘다.

수진: 그런데 나에게는 커.

그런데 나에게는 어울리지 않을지도.

- あたらしい(新しい) : [い형] 새롭다
- ワンピース : [명] 원피스
- ~(が)ほしい : [형] 갖고 싶다
- かわいい : [い형] 예쁘다, 귀엽다
- ちょっと : [부] 조금
- ~わ : [종조사] ~요, ~이야
- かも : [조사] ~일지도 모른다.

おいしいですか？

 Track 053

スジン	このカルアミルク、いい感^{かん}じじゃない。
ミホ	先輩^{せんぱい}、おいしいですか？
スジン	うん。お酒^{さけ}に弱^{よわ}い私^{わたし}にはぴったりだよ。ミホは？
ミホ	私^{わたし}はもう少^{すこ}しさっぱり系^{けい}がいいですね。

오～굿!

맛있어요?

🚩 TIP

- **～じゃない**
  ～じゃない는 원래 ではない의 줄임말로 '～이 아니다'란 뜻이 있지만, 이와는 별개로 회화에서는 '～지 않니? ～잖아'처럼 자신의 의견을 이야기할 때나 상대방의 동의를 구할 때 많이 쓰이는 표현이예요. ～じゃない는 더 줄여서 ～じゃん이라고도 쓰이는데요, 드라마에서 자주 들을 수 있으니 꼭 기억해 둡시다.

- **술이 세다/술이 약하다**
  일본어에서도 술이 세다/약하다는 표현을 強い세다/弱い약하다로 나타냅니다. 술이 세다는 'お酒(さけ)に強(つよ)い' 술이 약하다는 'お酒(さけ)に弱(よわ)い'우리말과 정말 비슷하지요?

맛있어요?

수진 : 이 깔루아밀크 괜찮은데~.

미호 : 선배님, 맛있어요?

수진 : 응, 술 약한 나에게 딱이야. 미호는?

미호 : 저는 좀 더 상큼한 게 좋아요.

단어

- **カルアミルク** : 몡 깔루아밀크 (달콤한 커피
  우유 같은 칵테일로 칵테일을 처음 접하는 여성
  들이 좋아하는 달콤하고 부드러운 칵테일)
- **いい** : い형 좋다
- **感(かん)じ** : 몡 느낌
- **おいしい** : い형 맛있다
- **お酒(さけ)** : 몡 술
- **弱(よわ)い** : い형 약하다
- **ぴったり** : 뮈 딱 맞다, 꼭 맞다
- **もう** : 뮈 더, 그 위에 또

- **少(すこ)し** : 뮈 조금, 약간
- **さっぱり** : 뮈 (맛, 성격, 태도가) 깔끔하고 산
  뜻한 모양
- **系(けい)** : 몡 계통, 계열이란 뜻이지만 일본
  에서 ~系는 '~스타일' 정도의
  느낌으로 일상회화에서 많이 쓰
  입니다.
  예 かわいい系

1. い형용사의 특징

기본형은 い로 끝나고, 어간과 어미로 이루어져 있습니다.

大(おお)きい = 大(おお)き(어간)크 + い(어미)다
寒(さむ)い = 寒(さむ)(어간)춥 + い(어미)다

어미를 활용할 수 있습니다.

단어 맨끝에 붙어있는 어미 い가 모양을 바꾸면서 다양한 표현으로 활용됩니다.

기본형은 바로 술어로 쓸 수 있습니다.

うれしい 기뻐! 暑(あつ)い 더워!
大(おお)きい 크다!

2. 형용사가 명사를 수식할 때

'명품은 비싸다'를 수식형으로 고치면 '비싼 명품'이 되겠지요? 일본어에서는 다행히도 형태가 바뀌지 않는답니다. 한 번 확인해 볼까요?

~い + [명사]	= ~한(ㄴ) [명사]
新(あたら)しい + ワンピース	= 新(あたら)しいワンピース
새롭다 + 원피스	= 새 원피스

例 ① このカバンは小(ちい)さい → 小(ちい)さいカバン
　　이 가방은 작다　　　　　　　작은 가방

② このスカートは古(ふる)い → 古(ふる)いスカート
　　이 치마는 낡았다　　　　　　낡은 치마

단어 小(ちい)さい 작다 | 古(ふる)い 낡다 | スカート 치마

3. い형용사의 정중한 표현 만들기

기본형(〜い)에 「です」를 붙이면 '〜ㅂ니다' 라는 정중한 표현이 됩니다.

~い + です = ~ㅂ니다
大(おお)きい+です = 大(おお)きいです
크다 + ㅂ니다 = 큽니다

例 ① この靴(くつ)は新(あたら)しいです。 이 신발은 새것입니다.
② 彼(かれ)はやさしいです。 그는 자상합니다.

단어 やさしい 자상하다

4. い형용사의 의문문 만들기

(1) 평서형의 의문문 만들기

일본어에서는 い형용사의 경우 〜い 기본형 자체로도 의문문 표현이 가능해요. 단, 끝을 살짝 올려 주어 의문의 뉘앙스를 나타내 주세요. 또는 기본형 〜い 뒤에 の를 붙여서 〜니? 하고 물어볼 수도 있습니다.

기본형(い)↗ / 기본형(い) + の?↗
いい↗ / いいの↗
좋아? / 좋니?

例 ① 大(おお)きい? / 大(おお)きいの?
커? / 크니?

② このドラマ、面白(おもしろ)い? / このドラマ、面白(おもしろ)いの?
이 드라마 재밌어? / 이 드라마 재밌니?

단어 ドラマ 드라마 | 面白(おもしろ)い 재미있다

(2) 정중한 표현의 의문문 만들기

의문문을 만들 때는 명사와 마찬가지로 です 뒤에 의문을 나타내는 종결어미인 か만 붙이면 됩니다.

기본형(い) + ですか = 의?↗ 입니까?
おいしい + ですか = おいしいですか

例 ① 気持(きも)ちいいですか? 기분이 좋습니까?
② サイズが大(おお)きいですか? 사이즈가 큽니까?

♥난 특별하니까! いい와 よい

いい와 よい는 둘 다 '좋다'라는 뜻을 가진 い형용사이지만 활용의 방법은 조금 다릅니다. 앞으로 특별한 い형용사 いい와 よい와의 만남을 기대해주세요.

기본형	いい	よい
명사수식	いい人 (○)	よい人 (○)
정중형	いいです (○)	よいです (○)
의문형	いいですか (○)	よいですか (○)

일본의 *술술술*

일본 여성들도 한국 여성들과 마찬가지로 술을 어느 정도 즐길 줄 아는 여성들이 많아요. 직장 여성들이 보통 일을 마치고 집에 가는 길에 삼삼오오 모여서 **カクテル**칵테일 바나 선술집인 **居酒屋**이자카야에서 한 잔 마시기도 하고, 대학생이라면 동아리 친구나 선후배들과 **飲み会**단합대회를 하기도 하지요. 또 데이트를 할 때에도 은은한 조명 아래 찰랑대는 칵테일 한 잔은 가슴 설레는 로맨틱한 분위기를 만드는 데 필수 아이템이죠.

얼마 전 일본의 대형 주류업체인 아사히맥주**アサヒビール**가 남성과 여성들을 대상으로 각각 좋아하는 칵테일 랭킹을 조사하여 발표했는데요, 흥미로운 것은 한국에 비해 상대적으로 술이 약한 일본 여성들이 좋아하는 칵테일은 **甘口**스위트한 계열이 많다는 것. 그리고 **カシス系**카시스계 칵테일은 **カシスオレンジ**카시스오렌지부터 **カシスグレープフルーツ**카시스그레이프후르츠, 그리고 순위에는 빠졌지만 **カシスソーダ**카시스소다와 **カシスウーロン**카시스우롱 등이 일본 여성들에게 많은 사랑을 받고 있답니다.

앞서 이야기 했지만 일본 사람들은 대체적으로 한국 사람들에 비해 술이 약한 편이예요. 우리는 보통 소주를 스트레이트로 마시는 문화에 익숙해서인지 소주를 물이나 다른 음료와 희석해 먹는 것을 그다지 좋아하지 않는데요. 일본에서는 소주를 마실 때는 물에 희석해서 **水割り**마시거나 **緑茶割り**녹차, **ウーロン割り**우롱차, 각종 과일 리퀴드를 넣기도 하고 **梅干し**매실장아찌를 넣고 뜨거운 물을 부어서 **お湯割り** 마시기도 한답니다. 한국의 소주는 희석해서 마시면 원래의 맛이 떨어진다고 하는데요, 일본소주는 주조방식이 한국과는 달라서 희석해서 마셔도 그 맛이 변하지 않는다고 하네요. 이렇게 희석해서 마시기 때문에 일본에서는 소주를 한 병 사서 그 가게에 **キープ**키핑해두고 마시는 사람들이 아주 많답니다. 그리고 **酎ハイ**추하이와 **サワー**사와라는 이름으로 **青りんご酎ハイ**풋사과맛, **カルピス酎ハイ**쿨피스맛, **レモン酎ハイ**레몬맛, **ライム酎ハイ**

라임맛 등으로 희석시킨 칵테일 비슷한 희석주를 한 잔씩 판매하기 때문에 기호에 맞게 주문하여 마실 수도 있고 시중에도 캔이나 병 제품으로 많이 판매되고 있답니다.

한편, 우리에게는 일명 청주로 익숙한 **日本酒**일본주는 차갑게 해서 마시기도 하지만 겨울에는 1홉이나 2홉들이 작은 **德利**사기로 된 병에 담아 뜨겁게 데워 마시기도 합니다. **あつかん**아쓰캉이라고 하는 이 데운 술은 한국 사람들의 경우 처음에는 마시기 쉽지 않지만 맛을 들이면 끊을 수 없는(?) 약간의 중독성도 있는 것 같아요.

여기서 잠깐! 일본의 술자리 문화는 어떨까요? 우리는 술집에 가면 보통 1차는 소주, 2차는 **カラオケ**노래방이나 **口直し**입가심으로 **ビール**맥주를 마시기도 하지요? 그런데 일본에서는 반대로 우선 술집에 가면 맥주를 먼저 시킨 후 점점 도수를 높여가며 마시는 것이 일반적이예요. 어떤 선술집에서는 메뉴 이름에 아예 '**とりあえずビール**일단 우선 맥주'라는 메뉴를 두고 있다네요. 게다가 우리가 흔히 볼 수 있는 술잔을 돌리는 것도 일본에는 없는 문화, 윗사람과 같이 마신다고 해서 굳이 몸을 돌려 마실 필요도 없고 두 손으로 술을 따르거나 받지 않아도 되는 것이 일본식 술문화랍니다. 하나 더! 일본은 **注ぎ足し**첨을 하는 문화인데요. 항상 잔에 술이 찰랑찰랑 차 있는 상태를 좋아해서 상대방의 술잔이 어느 정도 비었는데도 따라주지 않으면 오히려 실례라고 합니다. 비슷하면서도 다른 술자리 문화, 일본 친구가 생기면 가볍게 맥주 한잔 하면서 서로의 술자리 문화에 대해 이야기를 나눠보는 것도 좋은 이야깃거리가 되겠네요.

順位	★ 여성들에게 인기 있는 칵테일 女性に人気のカクテル ★	
	カクテル名	%
1	カシスオレンジ 카시스 오렌지	37.9%
2	モスコーミュール 모스코뮬	27.6%
3	ソルティードッグ 소르티ー・도그	24.9%
4	スクリュードライバー 스크루 드라이버	22.7%
5	カルーアミルク 칼루아밀크	21.0%
6	カシスグレープフルーツ 카시스 그레이프후르츠	20.3%
7	ファジーネーブル 퍼지네이블	18.4%
8	ジントニック 진토닉	17.8%
9	ジンライム 진라임	15.7%
10	カンパリソーダ 캄파리 소다	13.5%

広くて明るい
部屋がいいです！

넓고 밝은 방이 좋아요.

미용실에서　　Track 054

■	びよういん/ヘアサロン	美容院	미용실
1	カット		커트
2	シャギーカット		샤기컷
3	レイヤーカット		레이어드컷
4	ショートカット		쇼트컷
5	ロング		롱
6	セミロング		세미롱
7	パーマ/ウェーブ/ カール		퍼머/웨이브/컬
8	ボブスタイル		보브스타일
9	ストレートパーマ		스트레이트 퍼머
10	ツイストパーマ		트위스트 퍼머
11	カラーリング/ヘアカラー		염색
12	ブリーチ		브릿지
13	ヘアマニキュア		헤어 매니큐어
14	シャンプー		샴푸
15	リンス		린스
16	マッサージ		마사지
17	ブロー		드라이
18	トリートメント		트리트먼트
19	かおそり	顔剃り	얼굴솜털면도
20	スカルプマッサージ		두피 마사지

학습
목표

い형용사 - 부정표현과 중지형 표현

이 장에서는 い형용사의 부정 표현과 문장과 문장을 연결할 때의 중지형 표현에 대해 알아볼까요?

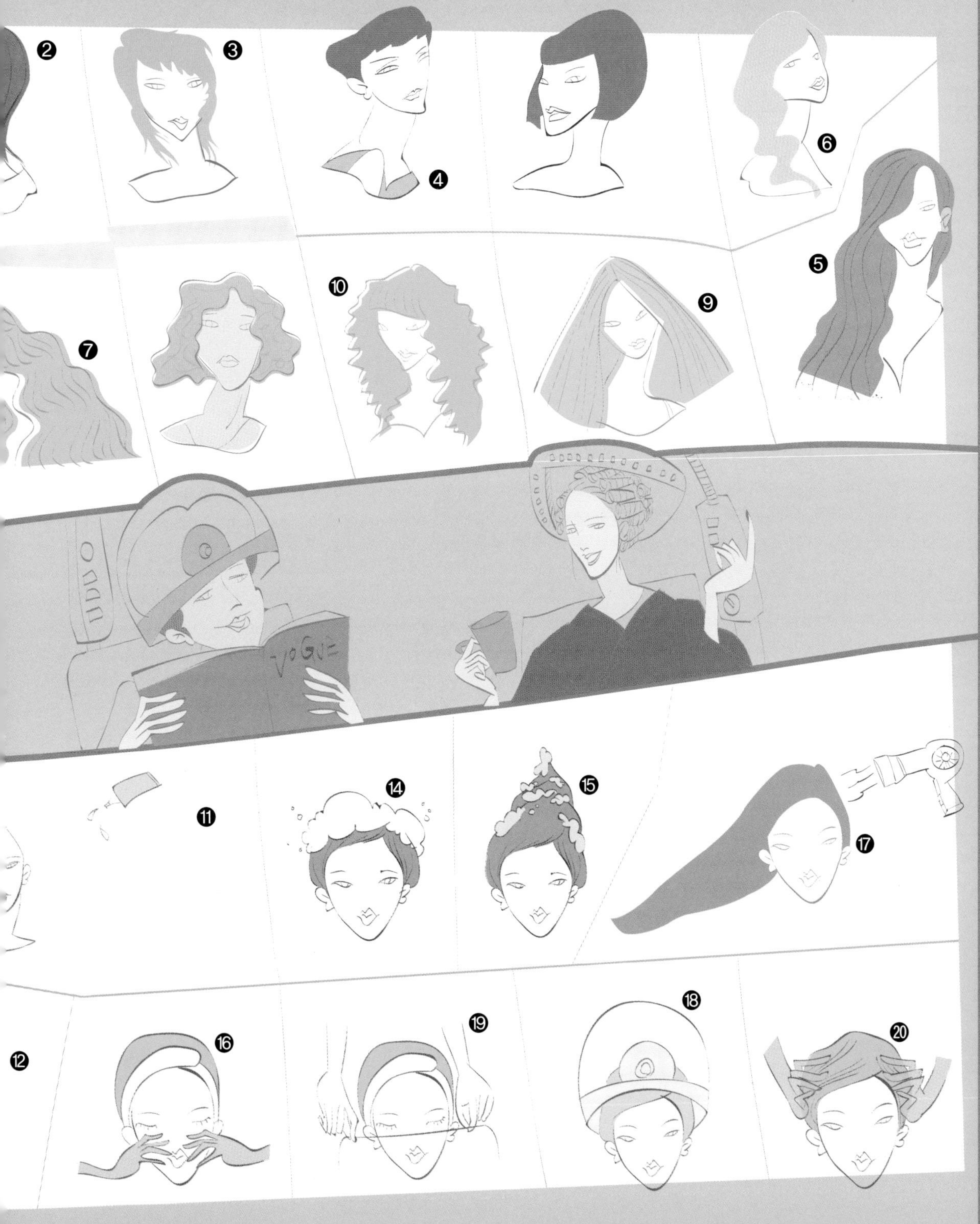

2
3
4
6
5
7
10
9
VOGUE
11
14
15
17
12
16
19
18
20

ぜんぜん安やすくないよ！

 Track 055

スジン	ソヨンちゃんの髪型かみがたかわいい。
ソヨン	うん、きのう美容院びよういんに行いってきたの。
スジン	ほんとう？どこの美容院びよういん？
ソヨン	渋谷駅近しぶやえきちかくの新あたらしいとこ。
スジン	いくらだったの？
ソヨン	あまり高たかくないよ。あんまり高たかくないよ。
	パーマが１万まん５千円せんえんに、カラーが５千円せんえんくらいかな。
スジン	へえ？ソヨンちゃん、それぜんぜん安やすくないよ!!

오~ 간지난다!

신경 좀 썼어

TIP

- あまり〜くない : 그다지 ～하지 않다
  뒤에 부정표현이 따라와서 그리～하지 않다, 그다지 ～하지 않다, 별로 ～하지 않다라는 뜻으로 쓰이는 표현이에요. 일상에서 유용하게 쓸 수 있는 표현이니 꼭 외워둡시다!!

현지 동영상 에서는
- あんまり라는 표현을 썼죠? あまり가 변한 말로 뜻은 같지만, 구어적으로 많이 쓰이는 표현이에요.

- 近(ちか)く : 근처
  원래 '가깝다'란 일본어는 近い가 원형이지만 '가까이', '가까운 곳'이라는 뜻으로 사용되면서 그 빈도가 높아져 '근처'라는 명사로 정착된 말입니다. 近(ちか)く 외에 遠(とお)い멀다에서 파생된 遠(とお)く먼 곳도 있답니다.

하나도 안 싸!

수진 : 소영 머리 예쁘다.

소영 : 응, 어제 미용실 다녀왔거든.

수진 : 정말? 어디 미용실?

소영 : 시부야역 근처에 새로 생긴 데야.

수진 : 얼마였어?

소영 : 별로 안 비싸.

　　　 파마가 1만 5천 엔에 염색이 5천엔 정도인가?

수진 : 어머, 소영아 그거 하나도 안 싸!!

- 髪型(かみがた) : 몡 헤어스타일, 머리모양
- 美容院(びよういん) : 몡 미용실
- 近(ちか)く : 몡 근처
- とこ : 몡 어디, 곳 (ところ의 줄임말)
- いくら : 몡 얼마
- あまり : 뷔 그다지, 별로
- 高(たか)い : い형 비싸다
- パーマ : 몡 파마

- カラー : 몡 염색
- くらい : 조 ~정도
- へえ : 감 허 참, 허, 저런 등 감탄, 놀람 등을 나
　　　　 타내는 소리
- ぜんぜん : 뷔 전혀
- 安(やす)い : い형 싸다

11 핵심회화2

広くて明るい部屋がいいです。

 Track 056

ミホ あの、すみません。

不動産屋（ふどうさんや） はい、どうぞ。

ミホ このあたりにいい部屋（へや）はありますか。

不動産屋（ふどうさんや） どんなところがいいですか。

ミホ 広（ひろ）くて、明（あか）るいところがいいんですが。

不動産屋（ふどうさんや） これなんかどうですか。

ミホ もう少（すこ）し安（やす）くて、駅（えき）から近（ちか）いところはないですか？

TIP

- あの、すみません : 저, 실례합니다
  영어의 'excuse me'와 같은 용법으로 상대에게 양해를 구할 때 쓰는 표현이예요. 유용한 표현이니 꼭 외워둡시다.
- ~んですが : ~는데요
  일본사람들은 문화적 특성상 직접적인 화법보다는 간접적인 화법을 즐겨서 사용하는데요, 회화에서도 이

를 잘 나타내는 표현이 바로 です가입니다. 단정적으로 です만 쓸 때 보다 상대방에게도 선택의 여지를 주면서 뭔가 여운을 남기는 느낌이지요. ん은 の의 회화체로 명사나 동사 형용사뒤에 붙어서 ~のです라고 쓰이는데요, 자신의 판단을 강조할 때 쓰는 표현입니다.

넓고 밝은 방이 좋아요.

미호 : 저, 실례합니다.

부동산 : 네, 말씀하세요.

미호 : 이 근처에 괜찮은 방이 있나요?

부동산 : 어떤 곳이 좋으신가요?

미호 : 넓고 밝은 곳이 좋은데요.

부동산 : 이런 건 어떠세요?

미호 : 조금 더 싸고 역에서 가까운 곳은 없나요?

- **あの** : (감) 저, 저어 말을 걸 때나 말이 막혔을 때 내는 소리
- **すみません** : 실례합니다. 미안합니다. 상대방에게 말을 걸 때, 사과할 때 씀
- **どうぞ** : (부) 그렇게 하세요.
- **あたり** : (명) 근처, 주위
- **部屋(へや)** : (명) 방. 꼭 방 한 칸이라는 의미보다는 크게 집이라는 뜻으로도 쓰여요.
- **～屋(や)** : (접미어) ～집, ～가게, ～장수 등 그 직업에 종사하거나 전문으로 하는 사람을 말해요.

- ex **さかなや(魚屋)** 생선가게, **こめや(米屋)** 쌀집, **くすりや(薬屋)** 약국 등
- **どんな** : (な형) 어떠한, 어떤
- **ところ** : (명) 곳, 장소
- **広(ひろ)い** : (い형) 넓다
- **明(あか)るい** : (い형) 밝다
- **なんか** : (조) ～같은 것, ～등
- **近(ちか)い** : (い형) 가깝다

1. い형용사의 부정형

(1) 평서형의 부정 표현

い형용사의 어미인 い를 「く」로 바꾸고 「ない」를 붙이면 '〜지 않다'는 부정 표현이 됩니다.

> い형용사의 어간 + くない = 〜지 않다
> 安(やす) + くない = 安(やす)くない

例 ① この化粧品(けしょうひん)は高(たか)い。　　　　→ 高(たか)くない。
　　　이 화장품은 비싸다　　　　　　　　　비싸지 않다(안 비싸다)
　　② この店(みせ)にはお客(きゃく)さんが少(すく)ない。　→ 少(すく)なくない。
　　　이 가게에는 손님이 적다　　　　　　　적지 않다(안 적다)

단어 化粧品(けしょうひん) 화장품 | お客(きゃく)さん 손님

> ♥넌 누구냐! 少(すく)ない의 정체는?
>
> 少(すく)ない는 ない로 끝나기 때문에 부정어로 혼동하기 쉽지만 원형이 少(すく)ない인 것이므로 부정표현으로 바꾸려면 少(すく)なくない라고 해야 맞아요. 시험에도 잘 나오니 주의하세요~!

(2) 부정형의 정중한 표현

정중한 표현을 만들려면 「くない」 뒤에 「です」만 붙이면 됩니다. 쉽지요? 또 다른 표현으로는 「ないです」를 「ありません」으로 바꾸어도 됩니다. 단, 「ないです」는 친밀하고 캐주얼한 느낌이고 「ありません」은 좀 더 격식 있고 정중한 표현이라는 것 기억해두세요.

> い형용사의 어간 + くないです / い형용사의 어간 + くありません
> 安(やす) + くないです / 安(やす) + くありません
> 싸지 않아요 / 싸지 않습니다

例 ① この化粧品は高くないです。　　　　　　이 화장품은 비싸지 않아요.

　　この化粧品は高くありません。　　　　　이 화장품은 비싸지 않습니다.

② この店にはお客さんが少なくないです。　이 가게에는 손님이 적지 않아요.

　　この店にはお客さんが少なくありません。　이 가게에는 손님이 적지 않습니다.

어떤 느낌인지 이해가 되지요?

2. い형용사의 중지형

(1) 문장과 문장을 연결할 때 - ~하고

그 남자는 키가 커.　　彼は背が高い。

그 남자는 자상해.　　彼はやさしい。

밑줄 친 부분을 한 문장으로 만들면 '그 남자는 키가 크고 자상해.' 가 되지요?
이렇게 두 문장 이상을 열거할 때 사용하는 표현을 중지형이라고 하는데요, 일본어로는 형용사의
어미인 「い」를 「く」나 「くて」로 바꿔주면 됩니다.

~い형용사 어간 + く / くて　=　하고
　　　　　　広 + く
　　　　　　　　　　　　　　　=　넓고
　　　　　　広 + くて

例 ① この化粧品は高くないです。　　　　　　이 화장품은 비싸지 않아요.

　　この化粧品は高くありません。　　　　　이 화장품은 비싸지 않습니다.

② この店にはお客さんが少なくないです。　이 가게에는 손님이 적지 않아요.

　　この店にはお客さんが少なくありません。　이 가게에는 손님이 적지 않습니다.

회화에서는 「く」보다 「くて」를 더 많이 쓴답니다.

단어 おいしい 맛있다 | 顔(かお) 얼굴

(2) 원인이나 이유를 나타낼 때 - ~해서

이 카페는 오래되었다.	このカフェは古い。
그래서 이 카페는 손님이 적다.	だから、このカフェはお客さんが少ない。
이 카페는 오래되어서 손님이 적다.	このカフェは古くてお客さんが少ない。

중지형은 문장의 열거 외에도 위 문장처럼 '~어서/~아서'와 같이 뒤에 올 문장의 원인이나 이유로 쓰이기도 합니다. 한 번 볼까요?

い형용사 어간 + く/くて	=	~어서/~아서
広く/広くて	=	넓어서

例 ① 秋は涼しくて気持ちいい。　　　　가을은 선선해서 기분이 좋다.

　　② このボタンは大きくて使いやすい。　이 단추는 커서 쓰기 편하다.

보통 くて의 '~어서/~아서' 표현은 비교적 뒷 문장에 동사와 함께 나오는 경우가 많답니다. 개념만 이해해두고 차차 공부하도록 합시다.

단어 古(ふる)い 낡다. 오래되다 | 秋(あき) 가을 | 涼(すず)しい 선선하다 | ボタン 단추 | 使(つか)いやすい 쓰기 편하다

♥난 특별하니까! いい와 よい

いい와 よい는 둘 다 '좋다'라는 뜻을 가진 い형용사이지만 활용의 방법은 조금 다릅니다. 이번에는 부정형과 중지형을 알아볼까요?

기본형	いい	よい
부정형	いくない (×)	よくない (○)
부정형의 정중표현	いくないです (×) いくありません (×)	よくないです (○) よくありません (○)
중지형	いくて (×)	よくて (○)

い형용사와 な형용사 모음

지금 배우고 있는 い형용사와 더불어, 앞으로 등장할 な형용사를 살펴 봅시다.

い형용사 모음

■ 상태

いい 좋다 ↔ 悪い 나쁘다
大きい 크다 ↔ 小さい 작다
多い 많다 ↔ 少ない 적다
新しい 새롭다 ↔ 古い 낡다
強い 강하다 ↔ 弱い 약하다
高い 비싸다 ↔ 安い 싸다
高い 높다 ↔ 低い 낮다
長い 길다 ↔ 短い 짧다
広い 넓다 ↔ 狭い 좁다
近い 가깝다 ↔ 遠い 멀다
明るい 밝다 ↔ 暗い 어둡다
難しい 어렵다 ↔ 易しい 쉽다
速い 빠르다 ↔ 遅い 느리다
重い 무겁다 ↔ 軽い 가볍다
太い 굵다 ↔ 細い 얇다
早い 이르다 ↔ 遅い 늦다
深い 깊다 ↔ 浅い 얕다
厚い 두껍다 ↔ 薄い 얇다
熱い 뜨겁다 ↔ 冷たい 차갑다
ぬるい 미지근하다
寂しい 외롭다, 쓸쓸하다
忙しい 바쁘다
かわいい 예쁘다, 귀엽다
優しい 자상하다
かっこいい 멋지다
すごい 굉장하다, 대단하다
がまん強い 잘 참는다
ひどい 심하다
美しい 아름답다
優しい 상냥하다, 친절하다
きびしい 엄하다
おとなしい 온순하다, 얌전하다
怪しい 수상하다
おかしい 우습다, 이상하다

■ 감정

うれしい 기쁘다 ↔ 悲しい 슬프다

面白い 재미있다
　　　　↔ つまらない 재미없다
ほしい 갖고 싶다
楽しい 즐겁다
うらやましい 부럽다
苦しい 괴롭다, 고통스럽다
つらい 괴롭다

■ 기후

暑い 덥다 ↔ 寒い 춥다
暖かい 따뜻하다 ↔ 涼しい 선선하다

■ 감각

痛い 아프다
おいしい 맛있다 ↔ まずい 맛없다
うまい 맛있다
辛い 맵다
甘い 달다
苦い 쓰다

■ 색깔

赤い 빨갛다 ↔ 青い 파랗다
黒い 검다 ↔ 白い 하얗다
黄色い 노랗다

な형용사 모음

すてきだ 멋지다, 훌륭하다
丈夫だ 튼튼하다
楽だ 편하다
新鮮だ 신선하다
好きだ 좋아하다 ↔ きらいだ 싫어하다
大丈夫だ 괜찮다
上手だ 잘한다 ↔ 下手だ 못한다

得意だ 잘한다 ↔
　　　　苦手だ 질색이다, 서투르다
派手だ 화려하다 ↔ 地味だ 수수하다
おしゃれだ 세련되다
シンプルだ 심플하다
ハンサムだ 잘생겼다, 핸섬하다
大事だ 소중하다
誠実だ 성실하다
素直だ 솔직하다
きれいだ 깨끗하다, 예쁘다
同じだ 같다
便利だ 편리하다
快適だ 쾌적하다
にぎやかだ 번화하다, 북적이다, 붐비다
有名だ 유명하다
意外だ 의외다
不思議だ 이상하다, 희한하다, 불가사의하다
変だ 이상하다
幸せだ 행복하다
親切だ 친절하다
大変だ 힘들다, 큰일이다
暇だ 한가하다
無理だ 무리이다
だめだ 불가능하다, 안되다
静かだ 조용하다
簡単だ 간단하다
平気だ 아무렇지 않다
いろいろだ 여러가지다
一生懸命だ 열심이다
勝手だ 멋대로다
完全だ 완전하다
穏やかだ 온화하다
退屈だ 지루하다, 따분하다
複雑だ 복잡하다
盛んだ 번성하다
自由だ 자유롭다
迷惑だ 귀찮다, 성가시다
丁寧だ 정중하다

서비스 up 가격도 up!
일본 미용실 탐방

여성분들이라면 많으면 한 달에 한 번, 적어도 일년에 한 번쯤은 미용실에 가시지요?
한국의 미용실도 위치나 샵의 레벨에 따라 가격이 천차만별이기는 하지만 보통 **カット**커트라
면 만 원~3만 원정도, **パーマ**퍼머의 경우, 일명 동네 미용실 모닝펌 할인을 받으면 싸게는 3만
원부터 고급 샵의 경우에는 몇 십만 원에 달하겠지만 평균적으로 10만 원 대에 해결이 되는 것
같아요.

그런데 일본 미용실 요금은 한국에 비해 훨씬 비싸요. 필자가 살았
던 일본의 작은 동네 미용실의 경우에도 기본 커트는 3000엔 이상
이나 했고, 게다가 철저한 예약제로 운영되어 그 외 시간에 가면
몇 시간은 기다려야 하거나 또는 발길을 돌릴 수 밖에 없는 경우
도 있었답니다.
한편 시내의 웬만한 미용실 같은 경우는 들어가는 입구부터 깜
짝 놀랄 정도로 전 스태프들이 깍듯이 받들어 모시는(?) 분위기
에 놀라고 또 머리 한번 감겨 주는데도 '손님, 이것 하겠습니다.
손님 저것 하겠습니다. 손님 괜찮으신가요? 손님…' 너무나 많
은 것을 물어보고 보고하는 철저한 매뉴얼 교육으로 무장된
스태프들의 서비스에 기분 좋지만 조금은 귀찮았던 기억이 납니다.

참, 그리고 가격도 천차만별. 재미있는 것은 헤어 디자이너 **指名料**지명료도 있고 샴푸하는 비용
도 따로 계산되며 우리는 당연하다고 생각하는 **ブロウ**드라이도 단계별로 요금이 책정되어 있다
는 것인데요. 지정하는 헤어 디자이너도 경력이나 수준에 따라 레벨이 정해지고, 그에 따른 가

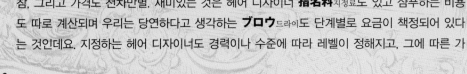

격도 달라지지요.

이뿐 아니라, 퍼머 가격은 한국의 약 두 배 정도에 **カラー**염색도 두 배 수준. 염색하고 시간이 지나 뿌리만 다시 염색할 때도 적어도 4000엔은 들어요. 게다가 흥미로운 것은 얼굴에 난 솜털을 밀어주는 **顔剃り**^{かお そ} 서비스도 2000엔이 넘으니 미용실 언니가 친절을 베풀어 공짜로 눈썹을 다듬어주다가 망쳐서 속상해한 적도 있는 우리네 실정과는 조금 다른 모습이지요.

아! 그렇다고 모두 이렇게 비싸고 친절한 건 아니에요. 역 지하아케이드에 1500엔짜리 커트 샵처럼 바쁜 분들을 위한 저렴하고 일본답지 않게 약간은 손길이 거친(?) 샵도 있으니 내 입맛에 맞게 골라 미용실 체험을 해보는 것도 좋을 것 같네요.

★**Perm (쇼트헤어 요금)**
내추럴 웨이브 8,190엔
퓨어 웨이브 10,500엔
모이스처 컬 8,400엔
스트레이트 퍼머 10,500엔
곱슬머리 교정 15,750엔

★**커트**
기본 3,675엔
고등학생 2,625엔
중학생 2,100엔
초등학생 1,890엔

★**염색**
염색 6,825엔
소프트터치 7,350엔

헤어매니큐어 5,775엔

★**기타**
얼굴솜털면도 2,100엔
알로에팩 1,050엔

★**헤어디자이너 요금**
스타일리스트 : 3,990엔
탑스타일리스트 : 5,040엔
디렉터 : 6,090엔
크리에이티브 디렉터 : 7,140엔

★**샴푸 요금**
크린 샴푸 525엔
더블크린 샴푸 1,050엔
맛사지 샴푸 : 1,575엔

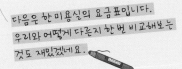

다음은 한 미용실의 요금표입니다.
우리와 어떻게 다른지 한 번 비교해보는
것도 재밌겠네요.

12

たの
とても楽しかったよ!
정말 즐거웠어!

 얼굴 부위명칭과 여성의 고민　Track 057

1 **あたま**	頭	머리
2 **かみのけ**	髪の毛	머리카락
3 **かお**	顔	얼굴
4 **め**	目	눈
5 **ひとみ**	瞳	눈동자
6 **みみ**	耳	귀
7 **はな**	鼻	코
8 **くち**	口	입
9 **くちびる**	唇	입술
■ **は**	歯	이
10 **しわ**		주름
■ **たるみ**		피부가 쳐짐
11 **そばかす**		주근깨
12 **ニキビ**		여드름
■ **くすみ**		색소 침착
■ **ほくろ**		점
■ **おでき**		뽀루지
■ **くま**		다크써클
■ **ひとえまぶた**	一重まぶた	홑꺼풀
■ **ふたえまぶた**	二重まぶた	쌍꺼풀
■ **はだあれ**	肌荒れ	피부가 거칠어짐

학습
목표

い형용사
이 장에서는 い형용사의 과거 표현과 과거 부정 표현에 대해 익혀봅니다.

とても楽_{たの}しかったよ！

 Track 058

スジン	ソヨンちゃん、合_{ごう}コンどうだった？
ソヨン	すごくよかったよ。
スジン	へえ、ほんとうに？
ソヨン	うん、かっこいい人_{ひと}も多_{おお}かったし、 とても楽_{たの}しかったよ。
スジン	うらやましいね。

물 좋았어?

베리 굿～!

TIP

- 合(ごう)コン : 미팅
  대학생들이 많이 하는 남녀 간의 '미팅'은 일본어로 '合(ごう)
  コン'이라고 한답니다. 'ミーティング'는 그야말로 업무적인
  회의 미팅이란 뜻으로 쓰이니 주의해야 해요!!
- ～し : ～하고
  활용어의 종지형에 붙어서 어떠한 사항이나 조건을 열거할 때
  쓰는 접속조사로 '～고'란 뜻입니다.

정말 재미있었어.

수진 : 소영아, 미팅은 어땠어?

소영 : 진짜 좋았어.

수진 : 어머, 정말?

소영 : 응, 멋진 사람도 많았고,
정말 재미있었어.

수진 : 부럽다.

- 合(ごう)コン : 몡 단체미팅. ʻ合同(ごうどう)コ
ンパ'의 줄임말.
- かっこいい : 혱 멋지다
- すごく : 형용사의 부사적 용법. 무척, 대단히
- とても : 튐 매우
- ほんとうに : 나혱 정말로
- ～し : 졉죄 ～고
- 楽(たの)しい : 이혱 즐겁다
- うらやましい : 이혱 부럽다

あんまり痛くなかった

🎧 Track 059

ソヨン　スジンちゃん、うで赤いよ。

スジン　さっき、脱毛してきたの。

ソヨン　うそ！ホントに？痛くなかった？

スジン　うん。あんまり痛くなかったよ。

ソヨン　さすが、スジンちゃん。

　　　　　がまん強いね。

> 후훗~!
> 제모한거야

> 팔이 빨개!

TIP

• うそ！ホントに？

일본 드라마에서 젊은 여성들이 가까운 사람들과 대화하는 장면에서 많이 들어본 표현이지요? 우소는 거짓말이란 뜻이지만 이 때에는 상대방이 거짓말을 하는지 추궁하는 것이 아니라 '정말?', '진짜?'하고 맞장구를 치는 정도의 뉘앙스랍니다. ホントに는 本当に (ほんとうに)의 줄임말이예요. 보통 うそ！ホントに？信(しん)じられない！진짜? 정말? 믿을 수 없어! 가 3종 세트로 함께 쓰입니다.

• さすが

역시, 과연이라는 뜻인데요, 누군가를 칭찬할 때, 특히 이미 그 사람의 실력이나 장점을 알고 있는 사람이 재차 그 실력을 확인하면서 칭찬할 때 쓰는 표현입니다. '과연, 한국 최고의 섹시아이콘 이효리답군' 이렇게 말이죠.

별로 아프지 않았어.

소영 : 수진아 팔이 빨개.

수진 : 아까 제모하고 왔거든.

소영 : 정말? 아프지 않았어?

수진 : 응, 별로 아프지 않았어.

소영 : 역시 수진이는 잘 참는구나.

 단어

- うで : 명 팔
- 赤(あか)い : い형 빨갛다
- さっき : 명 아까, 조금 전
- 痛(いた)い : い형 아프다
- 脱毛(だつもう) : 부 제모
- さすが : 부 과연, 역시
- がまん強(づよ)い : い형 잘 참는다, 참을성이 많다

1. い형용사의 과거형

기본형(〜い)에서 어미「い」를 「かった」로 바꾸면 '〜했다/〜웠다' 같은 과거형을 만들 수 있어요.

어간 + かった	= 〜했다/〜웠다
楽し + かった	= 楽しかった

例 ① 背が低い → 背が低 + かった = 背が低かった。
　　 키가 작다　　　　　　　　　　　　키가 작았다

　② 彼女の髪は長い → 彼女の髪は長 + かった = 彼女の髪は長かった。
　　 그녀의 머리는 길다　　　　　　　　　　　　　　그녀의 머리는 길었다.

> 단어 背(せ) 키
> 低(ひく)い 작다
> 長(なが)い 길다

2. い형용사 과거형의 정중한 표현

かった 뒤에 무조건 「です」만 붙이면 '〜ㅆ습니다'라는 정중한 표현이 됩니다.

かった + です	= 〜했습니다
楽しかった + です	= 楽しかったです

例 ① 背が低かった + です　　　　→ 背が低かったです。
　　 키가 작았다　　　　　　　　　　　키가 작았습니다.

　② 彼女の髪は長かった + です　→ 彼女の髪は長かったです。
　　 그녀의 머리는 길었다　　　　　　　　그녀의 머리는 길었습니다.

3. い형용사의 과거부정형

'〜하지 않았다'는 표현은 어떻게 활용하면 좋을까요? い형용사의 부정형인 くない에서 어미「い」만 「かった」로 바꾸면 「くなかった」'〜하지 않았다'는 표현을 만들 수 있습니다.

어간 + くない + かった	= 〜하지 않았다
痛 + くないかった	= 痛くなかった

例 ① 安い → 安くない → あの美容院は安くなかった。 단어 旅行(りょこう) 여행
　　싸다　　 싸지 않다　　 저 미용실은 싸지 않았다

　 ② 楽しい → 楽しくない → 旅行は楽しくなかった。
　　즐겁다　　 즐겁지 않다　　 여행은 즐겁지 않았다

4. い형용사 과거부정형의 정중한 표현

부정과거형의 정중한 표현에는 두 가지가 있습니다. 우선「なかった」에 무조건「です」를 붙이는 표현과「くありませんでした」란 표현이 있습니다. 한 번 연습해 볼까요?

어간 + くなかったです	=	~지 않았어요
어간 + くありませんでした	=	~지 않았습니다
痛 + くなかったです	=	痛くなかったです
痛 + くありませんでした	=	痛くありませんでした

例 ① 安い → あの美容院は安くなかったです。/ あの美容院は安くありませんでした。
　　　　　 저 미용실은 싸지 않았어요. / 저 미용실은 싸지 않았습니다.

　 ② 楽しい → 旅行は楽しくなかったです。/ 彼はカッコよくありませんでした。
　　　　　　 여행은 즐겁지 않았어요. / 여행은 즐겁지 않았습니다.

♥난 특별하니까! いい와 よい

いい와 よい는 둘 다 '좋다'라는 뜻을 가진 い형용사이지만 활용의 방법은 조금 다릅니다. 이번에는 과거형과 과거부정형에 대해 알아볼께요.

기본형	いい	よい
과거형	いかった (×)	よかった (○)
과거형의 정중표현	いかったです (×)	よかったです (○)
과거부정형	いくなかった (×)	よくなかった (○)
과거부정의 정중표현	いくなったです (×) いくありませんでした (×)	よくなかったです (○) よくありませんでした (○)

가라오케 カラオケ

노래방을 일본어로 하면 「**カラオケ**가라오케」인데요, 이 말 또한 「**カラ**텅빈 + **オーケストラ**오케스트라」를 줄여서 만든 합성어입니다. 반주만 녹음된 빈 음악에 맞춰 노래를 부른다는 의미가 되겠지요?

친구에게 자신있는 곡이 무엇인지 물을 때, 흔히들 18번이 뭐야? 라고 질문하잖아요. 일본어도 마찬가지로 「**18番**18번」은 자신이 가장 잘 부르는 노래를 뜻합니다. 사실 이 말은 옛날 어떤 장군이 가부키의 18가지 노래를 즐겨 부른 데서 유래했다고 하네요.

우리나라와의 차이점이 있다면 일본의 가라오케는 방 단위로 요금을 받는 곳 보다 인원수에 비례하여 이용료를 받는 곳이 많다는 점입니다. 이 때 음료도 1인당 하나씩 의무적으로 주문해야 해요.

필자가 살았던 동네의 가라오케에는 낮 시간대에 돈이 별로 없는 학생들을 위하여 1인당 1만원 안팎의 금액으로 몇 시간이고 노래를 부를 수 있는 **フリータイム**프리타임이라는 것도 있었답니다. 주로 주머니 사정이 좋지 않은 대학생들이 저렴한 이 시간대를 이용해서 노래도 부르고 친목도 도모했답니다.

가라오케 룸의 종류도 다양한데요, 혼자서 들어가서 부르다가 나오는 1인실부터 시작해서 커플룸, 가장 일반적인 3~5인실, 그리고 단체실까지 인원수에 맞추어 선택할 수 있습니다. 경쟁이 치열한 지역에서는 가라오케 시설 안에서 서비스로 타로점을 봐주거나 네일아트를 해주는 등 서비스도 다각화되고 있으니 활용해 보세요. 최근 등장한 일본식 다다미방으로 꾸며진 노래방도 이색적이에요.

최근에는 노래를 부르는 대신 영화나 드라마의 대사를 더빙해 볼 수 있는 곳도 생겼다고 합니다. 화면에 자막으로 표시되는 대사를 마치 성우가 된 것처럼 따라 읽는 것이지요. 그런 기능을 잘 활용하면 일본어 공부에도 도움이 되지 않을까요?

なまぬるい風
とぐろを巻いた
それがたぶん 合図

13

きっと高[たか]いでしょうね。

많이 비싸겠네요.

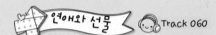 연애와 선물 🎧 Track 060

№			
1	かれし	彼氏	남자친구
2	かのじょ	彼女	여자친구
3	もとかれ	元彼	X-boyfriend
4	もとかのじょ/もとカノ	元彼女/元カノ	X-girlfriend
■	こいびと	恋人	연인
■	れんあい	恋愛	연애
■	カップル		커플
■	バカップル		눈꼴사나울 정도의 닭살커플
5	キス		키스
6	はなたば	花束	꽃다발
7	ぬいぐるみ		인형
8	けしょうひん	化粧品	화장품
9	アクセサリー		액세서리
10	ゆびわ	指輪	반지
11	ネックレス		목걸이
12	うでどけい	腕時計	손목시계
13	さいふ	財布	지갑
14	バック		가방
15	けいたいでんわ	携帯電話	휴대전화
16	スカーフ		스카프
17	ヘアピン		헤어핀
18	こうすい	香水	향수
19	しょうひんけん	商品券	상품권
20	したぎ	下着	속옷

い형용사

이 장에서는 い형용사의 추측과 동의를 구하는 표현, 그리고 가정 표현에 대해 알아봅니다.

학습 목표

きっと高^{たか}いでしょう。

 Track 061

ミホ　先輩^{せんぱい}、その指輪^{ゆびわ}何^{なん}ですか？

ソヨン　彼氏^{かれし}からのホワイトデーのプレゼントなの。

ミホ　前^{まえ}の誕生日^{たんじょうび}はネックレスだったんですよね。

ソヨン　うん、それよりこっちの方^{ほう}がかわいいでしょう。

ミホ　そうですね、でもきっと高^{たか}いんでしょうね。

ソヨン　そんなことないよ。

　　　　これダイヤなんかじゃないもん。

남자 친구가 선물했어요?

괜찮다는데 굳이... 호호

- ですよね : ~지요?
  다른 사람에게 동의를 구할 때 でしょう는 친구나 가까운 사이에서 자주 쓰는 표현이고 ですよね보다 조금 더 정중한 느낌으로 쓰이는 표현입니다. 선배나 손윗사람에게 동의를 구할 때 유용한 표현입니다.

- そんなことない : 그렇지 않아
  상대방의 의견을 가볍게 부정할 때 아니야, 그렇지 않아 정도의 뉘앙스로 사용되는 표현입니다.

분명 비싸겠네요.

미호: 선배님, 그 반지 뭐예요?

소영: 지난 번 화이트데이에 남자친구가 준 선물이야.

미호: 지난 생일은 목걸이였지요?

소영: 응, 그것보다 이게 더 예쁘지?

미호: 그렇네요, 그런데 많이 비싸겠네요.

소영: 그렇지 않아. 이거 다이아몬드 같은 것도 아닌걸.

- **指輪(ゆびわ)** : 명 반지
- **ホワイトデー** : 명 화이트데이
- **彼氏(かれし)** : 명 남자친구
- **からの** : 조 ~로부터의
- **プレゼント** : 명 선물
- **誕生日(たんじょうび)** : 명 생일
- **ネックレス** : 명 목걸이
- **きっと** : 부 꼭, 반드시, 틀림없이
- **ダイヤ** : 명 다이아몬드
- **なんか** : 조 ~같은, ~따위
- **もん** : 종조 ~인걸

もっと熱かったらよかったのに。

🎧 Track 062

ミホ 気持ちよかった。いいお風呂でしたね、先輩。

スジン 本当だよね。でも、ちょっとぬるくなかった？

ミホ そうですね、もっと熱かったらよかったのに。

スジン でも、熱々のお湯よりは、
少しぬるい方がお肌にずっといいんだって。

ミホ そうなんですか？それ、初耳ですね。

TIP

• 〜ければよかったのに／〜かったらよかったのに
'〜라면 좋았을 텐데/〜였다면 좋았을 텐데' : 어떤 대상이 기대에 미치지 못하여 아쉬움을 나타내는 경우에 쓰는 표현입니다.

• って 〜래 : 〜という '〜라고 한다'의 축약형으로 다른 사람이나 매체를 통해 들은 이야기, 또는 어떠한 사실을 전달할 때 쓰는 표현입니다. 회화에서 가장 많이 사용되는 표현 중 하나이니 꼭 기억해 둡시다.

• AよりBの方(ほう)がずっと〜 A보다 B가 훨씬 〜 하다 : 두 가지 이상의 대상을 비교할 때 쓰는 표현이며 ずっと를 넣어주면 그 차이가 확연하다는 뉘앙스를 전달할 수 있어요.

조금 더 뜨거웠으면 좋았을 텐데.

미호 : 기분 좋았어. 물이 참 좋았어요, 선배님.

수진 : 정말 그러네. 근데 조금 미지근하지 않았니?

미호 : 그러네요. 조금 더 뜨거웠으면 좋았을 텐데.

수진 : 그래도 너무 뜨거운 물보다는 조금 미지근한 게 피부에는 좋대.

미호 : 그래요? 그거 처음 듣는데요.

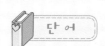

- 気持(きも)ち : 명 기분
- お風呂(ふろ) : 명 목욕, 목욕물
- ぬるい : い형 미지근하다
- 熱(あつ)い : い형 뜨겁다
- 熱々(あつあつ) : な형 매우 뜨거움
- お湯(ゆ) : 명 뜨거운 물
- より : 조 ~보다
- 方(ほう) : 명 편, 쪽 둘 이상의 사물 중 하나
  를 가리키는 말
- ずっと : 부 훨씬
- お肌(はだ) : 명 피부
- 初耳(はつみみ) : 명 금시초문

1. い형용사의 추측 표현과 동의를 구하는 표현

기본형에 「だろう」와 「でしょう」를 붙이면 '~일 것이다/~일 것입니다'라는 추측 표현과 '~하지?/~하지요?'처럼 상대방에게 동의를 구하는 표현이 돼요. 「だろう」는 가까운 사이나 친구끼리, 「でしょう」는 정중한 표현이라는 것을 기억해 주세요.

(1) 추측표현

기본형(い) + だろう / でしょう　=　~하겠지, ~할 것이다 / ~하겠지요, ~할 것입니다	
高い + だろう/でしょう　=　高いだろう/高いでしょう	

例 ① 寒い　→　寒いだろう　　→　1月の北海道はきっと寒いだろう。
　　춥다　　춥겠지　　　　　　1월의 홋카이도는 틀림없이 추울거야.

② 楽しい　→　楽しいでしょう→　友達との温泉旅行はきっと楽しいでしょう。
　즐겁다　　즐거울 것입니다　친구와의 온천여행은 틀림없이 즐거울 것입니다.

단어 北海道(ほっかいどう) 홋카이도 | 温泉旅行(おんせんりょこう) 온천여행

(2) 동의를 구하는 표현

기본형(い) + だろう / でしょう↗　=　~하지?/~하지요?	
かわいい + だろう/でしょう　=　かわいいだろう/かわいいでしょう	

例 ① いい　　　→　いいだろう　　　→　このデジカメいいだろう?
　　좋다　　　　좋지?　　　　　　　이 디지털카메라 좋지?

② おいしい　→　おいしいでしょう　→　ここのすし、やっぱりおいしいでしょう?
　맛있다　　　맛있지요?　　　　　　이 집 초밥, 역시 맛있지요?

단어 デジカメ 디지털카메라 | すし 초밥

♥주의합시다!!
일본어에는 여성이 쓰는 표현과 남성이 쓰는 표현이 각각 다른 경우가 많은데요. だろう의 경우에는 남자들이 많이 쓰는 표현으로 여성들은 でしょう, 친한 사이에서는 짧게 でしょ를 많이 씁니다.

2. い형용사의 가정표현

우리 말로 '~라면'에 해당하는 일본어의 가정표현에는 어미에 「ば, たら, と, なら」의 네 가지 용법이 있어요. 이 중에서도 가장 일반적으로 사용되는 표현인 「ば, たら」에 대해서 알아볼까요? 먼저 「ば」는 い를 빼고 「ければ」를 붙이고 「たら」는 「い」를 빼고 「かったら」로 연결하면 됩니다.

(1) ければ

い형용사 어간 + ければ	=	~면, ~하면, ~한다면
熱(ねつ) + ければ	=	熱(ねつ)ければ

例 ① 冷(つめ)たい → 冷(つめ)たければ → ビールは、冷(つめ)たければ冷(つめ)たいほどおいしい。
　　차갑다　　　차가우면　　　　맥주는 차가우면 차가울수록 맛있다

　② 長(なが)くない → 長(なが)くなければ → つめが長(なが)くなければ、ネイルアートは難(むずか)しいです。
　　길지 않다　　길지 않으면　　　손톱이 길지 않으면 네일 아트는 어렵습니다.

♥ Aさえ~ければ : A만 ~라면　　　　　　♥ ~ければ ~ほど : A만 ~라면
速(はや)い - スピードさえもう少し速(はや)ければ面白(おもしろ)かったのに　　速(はや)い - 車(くるま)は速(はや)ければ速(はや)いほど高(たか)い

(2) かったら

い형용사 어간 + かったら	=	~면, ~하면, ~한다면
あつ + かったら	=	あつかったら

例 ① 面白(おもしろ)い → 面白(おもしろ)かったら → 今日(きょう)の映画(えいが)、もっと面白(おもしろ)かったらよかったのにね。
　　재미 있다　　　재미 있었으면　　　오늘 영화 더 재미있었으면 좋았을 텐데 말야

♥ 난 특별하니까! いい와 よい

いい와 よい는 둘 다 '좋다'라는 뜻을 가진 い형용사이지만 활용의 방법은 조금 다릅니다. 이번에는 추측과 동의를 구하는 표현, 그리고 가정의 표현을 알아볼까요?

기본형	いい	よい
추측	いいでしょう (○)	よいでしょう (○)
동의	いいでしょう (○)	よいでしょう (○)
가정 - ければ	いければ (×)	よければ (○)
가정 - かったら	いかったら (×)	よかったら (○)

일상의 휴식
일본의 목욕문화

한국에 비해 온난 다습한 기후의 일본!
일본에서는 후덥지근한 날씨로 인한 끈적거림과 더러움을 씻어내기 위해 목욕문화가 발달하게 되었지요.
보통 '일본의 목욕문화'라고 하면 많은 사람들이 "남녀혼탕"이나 "온천"을 가장 먼저 떠올릴지도 모르겠어요. 그런데 실제로 일반 가정의 목욕문화는 어떨까요? 이번 시간에는 일상 생활 속에서의 목욕문화에 대해 함께 살펴보도록 합시다.

최근에는 **半身浴**_{はんしんよく}반신욕이 건강에 좋다고 하여 집에서 목욕을 즐기는 사람들이 우리나라에도 많이 늘기는 했지만 역시 우리나라에서는 '목욕=때를 미는 것 アカスリ'이라고 생각하기 때문에 집에서는 가볍게 **シャワー**샤워만 하고 목욕은 **錢湯**_{せんとう}대중탕에서 즐기는 사람들이 많은 것 같아요. 반면, 일본 사람들은 '목욕 = 피로를 푸는 것'이라고 생각합니다. 일본은 섬나라이기 때문에 습도가 높아요. 끈적끈적한 고온다습기후의 영향으로 조금만 움직여도 땀이 나고 끈적끈적해지지요. 그래서 일본인들은 귀가와 동시에 샤워를 하고 욕조에 몸을 담그며 피로를 풉니다.

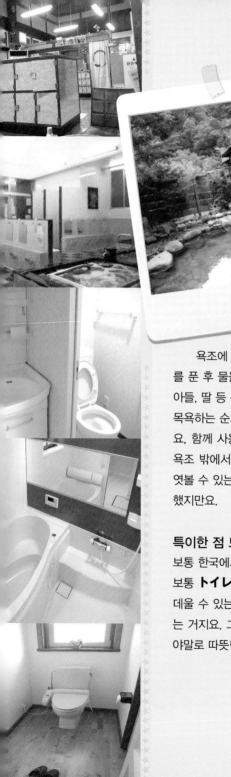

차례차례 들어가세요!

게다가 재미 있는 것은 목욕물을 버리지 않
고 가족 모두가 함께 사용한다는 것인데요. 우선
욕조에 들어가기 전에 샤워를 한 후, 따뜻한 물이 담긴 욕조에서 한참 앉아 피로
를 푼 후 물을 그대로 둔 채 나옵니다. 물을 한 번 받아놓으면 집안의 아버지, 어머니,
아들, 딸 등 온 가족이 돌아가면서 몸을 담그기 때문이예요.
목욕하는 순서도 있어서 손님은 1순위, 그리고 가족은 연장자 순으로 사용하게 되는데
요, 함께 사용하는 목욕물인 만큼 욕조 안에서는 때를 벗기거나 몸을 문지르지 않고,
욕조 밖에서 샤워를 마친 후 욕조에 들어간답니다. 정말 알뜰한(?) 일본인의 정신을
엿볼 수 있는 부분이지요? 아, 물론 요즘에는 각자 물을 받아쓰는 가정도 많이 늘기는
했지만요.

특이한 점 또 한 가지!

보통 한국에서는 화장실 내에 욕조와 변기가 함께 있는 집이 많은데요. 일본의 가정은
보통 **トイレ**화장실와 욕실, **洗面台**세면대가 분리되어 있어요. 게다가 욕조에는 목욕물을
데울 수 있는 장치 **湯沸し**도 붙어 있어서 물을 식히지 않고 돌아가면서 사용할 수 있
는 거지요. 그리고 샤워꼭지는 욕조 안에 붙어있지 않고 밖에 있답니다. 즉 욕조는 그
야말로 따뜻한 물에 몸을 담그고 피로를 푸는 휴식의 장소로 특화되어 있는 셈이지요?

遅くなってごめんね。

<ruby>遅<rt>おそ</rt></ruby>くなってごめんね。

늦어서 미안해.

아플땐 어떻게 하지? Track 063

1	びょうき	病気	병
2	かぜ	風邪	감기
3	ずつう	頭痛	두통
4	ふくつう	腹痛	복통
5	ひんけつ	貧血	빈혈
6	インフルエンザ		독감
7	かふんしょう	花粉症	꽃가루 알러지
8	いもたれ	胃もたれ	소화불량
■	おなかをこわす	お腹を壊す	배탈이 나다
9	べんぴ	便秘	변비
10	しょほうせん	処方箋	처방전
■	くすり	薬	약
■	じょうざい/タブレット	錠剤/タブレット	알약
11	のみぐすり/ないふくやく	飲み薬/内服薬	내복약
12	ぬりぐすり	塗り薬	연고
13	かゆみどめ	かゆみ止め	가려울 때 바르는 약
14	いたみどめ	痛み止め	진통제
15	しっぷ	湿布	파스
16	げねつざい	解熱剤	해열제
17	せきどめ	咳止め	기침약
■	よいどめ	酔い止め	멀미약
18	しょうかざい	消化剤	소화제
■	ふくさよう	副作用	부작용

い形容詞

이 장에서는 ~くなる를 활용한 い형용사의 변화 표현과 명사화에 대해 익혀볼까요?

遅くなってごめんね。

🎧 Track 064

スジン ソヨンちゃん、こっちこっち。

ソヨン スジンちゃん、おまたせ。遅くなってごめんね。

スジン すっかり暗くなって心配してたのよ。

ソヨン 授業が長くなって仕方がなかったのよ。

スジン 今度は電話でもちょうだいね。

🚩 TIP

• おまたせ：오래 기다렸지
다른 사람을 기다리게 했을 때 쓰는 표현으로 오래
기다리게 했습니다(그래서 미안합니다)라는 뜻입니다.
おまたせ는 친구나 가까운 사이에서 쓰는 반말로, 정
중하게는 おまたせしました라고 하면 된답니다.

• 仕方(しかた)がない：어쩔 수 없어
仕方(しかた)는 방법, 수단을 말하는 명사로 없다라

는 뜻의 ない를 붙여서 '방법이 없다', '어쩔 수 없다'
라는 뜻의 표현입니다. 줄여서는 しょうがない라고
도 합니다. 유용한 표현이니 꼭 외워 둡시다.

늦어서 미안해.

수진: 소영아. 여기야 여기.

소영: 수진아 오래 기다렸지. 늦어서 미안해.

수진: 완전히 깜깜해져서 걱정했잖아.

소영: 수업이 길어져서 어쩔 수 없었어.

수진: 앞으로는 전화라도 줘.

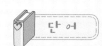 단어

- こっち : (대) 이쪽, 여기 こちら·こち의 회화체
- おまたせ : (감) 오래 기다렸지?
- ごめん : (감) 미안해
- 遅(おそ)い : (い형) 늦다
- すっかり : (부) 완전히
- 暗(くら)い : (い형) 어둡다, 깜깜하다
- 心配(しんぱい)した : (동) 걱정했다
- 授業(じゅぎょう) : (명) 수업
- 長(なが)い : (い형) 길다
- 仕方(しかた) : (명) 방법, 수단
- 今度(こんど) : (명) 다음 번
- 電話(でんわ) : (명) 전화
- ちょうだい : (명) 줘, 주세요 문말에 쓰이면서 상대에게 다정하게 부탁하는 말.

彼のやさしさにはもう感動だわ。

 Track 065

スジン　ソヨンちゃん、顔色悪いけど、どうしたの。

ソヨン　ちょっと風邪がひどくなってつらいの。

スジン　病院は？

ソヨン　忙しくてまだよ。でも、彼氏があとで一緒に行ってくれるって。

　　　　忙しくてまだ行ってない。

スジン　よかったね。

ソヨン　彼のやさしさにはもう感動だわ。

> 우엑!
> 닭살이야~!

> 내 남친
> 넘 자상해 흑~

TIP

- どうしたの : 무슨 일이야?
  무슨 일이야? 왜 그래? 처럼 상대방의 상황에 대해서 궁금함을 표시할 때 쓰는 표현입니다.
- よかった : 다행이야
  다행이다, 잘됐다 처럼 안도의 감정을 나타내는 표현. 과거형이라는 것에 주의합시다.
- けど : ~지만
  ~인데, ~던데 처럼 앞에 나온 사실과 뒤의 말을 부드럽게 이을 때나, ~지만, ~하지만 처럼 예상되는

결과와 반대의 사실이 일어남을 나타내는 표현입니다. 원래는 けれども가 원형이고 けど는 가까운 사이에서 캐주얼하게 사용하는 회화체입니다.

 忙(いそが)しくてまだ行ってない。라고 얘기했지요? 같은 뜻이지만, 行ってない '가 지 않다, 안갔다'라는 생략된 표현을 말해 보았어요.

154

그의 자상함에는 정말 감동이야.

수진 : 소영아, 안색이 안 좋은데 무슨 일 있어?

소영 : 감기가 좀 심해져서 힘들어.

수진 : 병원은?

소영 : 바빠서 아직이야. 그런데 남자친구가 같이 가준대.

수진 : 다행이다.

소영 : 그의 자상함에는 정말 감동이야.

 단어

- **顔色(かおいろ)** : 몡 안색
- **悪(わる)い** : い형 나쁘다
- **けど** : 접조 ~지만, ~는데
- **ひどい** : い형 심하다
- **つらい** : い형 괴롭다
- **病院(びょういん)** : 몡 병원
- **忙(いそが)しい** : い형 바쁘다
- **彼氏(かれし)** : 몡 남자친구
- **一緒(いっしょ)に** : 몡조 함께, 같이

- **行(い)ってくれる** : 동 가 주다
- **もう** : 감 정말 もう는 이미, 벌써, 더라는 뜻 외에도 자기의 판단이나 감정 등을 강조하는 심정을 나타내는 말로도 쓰입니다.
- **感動(かんどう)** : 몡 감동

1. い형용사의 ～くなる 표현

なる는 동사로 '되다'라는 뜻인데요, い형용사의 어미를 「く」로 바꾸고 「なる」를 붙이면 '～이/가 되다', '～하게 되다', '～해지다'라는 뜻이 되어 상태의 변화를 나타내는 표현으로 쓸 수 있습니다.

> い형용사의 어간 + く + なる ＝ ～이/가 되다, ～하게 되다, ～해지다
>
> 遅おそ + くなる ＝ 遅おそくなる

例 ① 安やすい → 安やすくなる → バーゲンですごく安やすくなった。
　　싸다　　　싸지다　　　　바겐세일로 굉장히 싸졌다.

　② 短みじかい → 短みじかくなる → パーマで髪かみの毛けがけっこう短みじかくなりました。
　　짧다　　　　짧아지다　　　　파마로 머리카락이 꽤 짧아 졌습니다.

단어 バーゲン 바겐세일 | 短(みじか)い 짧다 | けっこう 꽤

2. い형용사의 명사화

　　넓다 → 넓이 / 굵다 → 굵기 / 춥다 → 추위

이처럼 우리말에도 형용사를 명사로 바꾸어 쓰는 경우가 있지요? 바로 이것을 명사화라고 하는데요, 일본어의 い형용사의 경우에 명사화를 만드는 규칙이 몇 가지 있답니다. 어떻게 활용하면 좋을지 한번 알아볼까요?

(1) い형용사의 어간 + さ - 형용사 자체의 성질이나 정도를 나타냄

> い형용사의 어간 + さ ＝ ～함
>
> やさし + さ ＝ やさしさ

寒さむい 춥다	→	寒さむさ 추위	重おもい 무겁다	→	重おもさ 무게
暑あつい 덥다	→	暑あつさ 더위	高たかい 높다	→	高たかさ 높이
長ながい 길다	→	長ながさ 길이	深ふかい 깊다	→	深ふかさ 깊이

おいしい 맛있다　→　おいしさ 맛　　　　暑あつい 덥다　→　暑あつさ 더위

速はやい 빠르다　→　速はやさ 속력, 빠름　　美うつくしい 아름답다　→　美うつくしさ 아름다움

暖あたたかい 따뜻하다　→　暖あたたかさ 따뜻함　　広ひろい 넓다　→　広ひろさ 넓이

(2) い형용사의 어간 + み – 상태나 그와 같은 상태의 장소를 나타냄

い형용사의 어간 + み　＝　~함
悲かなし + み　＝　悲かなしみ

重おもい 무겁다　→　重おもみ 중량, 칙칙함, 무게 있는 행동　　深ふかい 깊다　→　深ふかみ 깊은 맛, 깊은 곳

苦くるしい 괴롭다　→　苦くるしみ 괴로움　　うまい 맛있다　→　うまみ 맛

痛いたい 아프다　→　痛いたみ 아픔　　甘あまい 달다　→　甘あまみ 단맛

赤あかい 빨갛다　→　赤あかみ 붉은 기, 붉은 빛　　高たかい 높다　→　高たかみ 높은 곳

(3) 색깔을 나타내는 い형용사의 명사화 – 어간만으로 명사화가 가능

い형용사의 어간

赤あかい　→　赤あか 빨강　　青あおい　→　青あお 파랑　　白しろい　→　白しろ 하양

黄色き いろい　→　黄色き いろ 노랑　　黒くろい　→　黒くろ 까망

♥난 특별하니까! いい와 よい

いい와 よい는 둘 다 '좋다'라는 뜻을 가진 い형용사이지만 활용의 방법은 조금 다릅니다. 이번 시간에는 변화의 표현과 명사화 표현에 대해 알아볼까요?

기본형	いい	よい
변화 표현	いくなる (×)	よくなる (○)
명사화 – さ	いさ (×)	よさ (○)
명사화 – み	いみ (×)	よみ (×)
명사화 – け	いけ (×)	よけ (×)

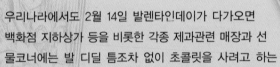

일본 발렌타인데이의 이모저모

バレンタインデー

우리나라에서도 2월 14일 발렌타인데이가 다가오면 백화점 지하상가 등을 비롯한 각종 제과관련 매장과 선물코너에는 발 디딜 틈조차 없이 초콜릿을 사려고 하는 여성들로 붐비지요? 흔히 발렌타인데이라고 일컬어지는 성 발렌타인 축일, 성 발렌타인 사제가 사랑하는 연인들의 징검다리 역할을 해주었다는 성스러운 유래와는 별개로 즉 2월 14일에는 여성이 평소에 좋아하던 남성에게 초콜릿을 주는 것이 관행처럼 되어 있어요.

이러한 발렌타인데이 문화가 한국으로 들어온 뒤 우리나라에서는 발렌타인데이 외에도 다양한 데이문화를 만들어냈는데요, 발렌타인데이와 화이트데이까지가 일종의 '수입품'이었다면 블랙데이, 로즈데이, 빼빼로데이 등을 우리만의 독특한 데이문화로 정착시키고 있지요. 이렇듯 '발렌타인데이'라는 키워드는 같지만 한국과 일본에서 엿볼 수 있는 그 문화적 양상은 조금 다른 것 같네요. 우리와는 또 다른 그래서 재미있는 일본의 독특한 발렌타인데이 문화를 잠시 엿볼까요?

기리초코 義理チョコ

일본어로 義理기리란 의리를 뜻하는데 딸이 아버지나 남자 형제에게, 학교에서 사귀는 사이가 아닌 남자 급우에게 주는 초콜릿 등과 같이 연애감정과 무관하게 주는 초콜릿을 뜻하는데요, 가장 흔한 것은 역시 직장 여성이 동료 남성들에게 주는 것이에요. 이전까지는 여성들이 결혼하면 바로 퇴직을 하므로 직장 내 인간관계를 챙길 필요가 없었던 데 반해 근래 결혼 후에도 직장에 다니는 여성이 늘면서 직장 내 인간관계를 챙길 필요성이 생겨났음을 반증하는 현상이에요.

혼메이 **本命チョコ**

자신에게 가장 소중한 사람이나 고백하고 싶은 남성에게 주는 초콜릿을 바로 혼메이초코라고 합니다. 보통 직접 만들어서 선물하거나 비싼 초콜릿을 선물하는 것이 일반적이지요.

토모초코 **友チョコ**

토모초코는 친구를 말하는 **友達**토모다치와 **チョコレート**초콜릿의 합성어인데요, 여자들끼리 서로 주고 받는 동성 친구를 위한 초콜릿이예요. 일본 여자 친구로부터 초콜릿을 받아도 의아하게 생각하지 마세요. 어디까지나 당신을 위한 호의로 주는 토모초코이니까요.

갸쿠초코 **逆チョコ**

새로운 현상으로 떠오르고 있는 것이 바로 이 갸쿠초코. 반대라는 뜻의 **逆**갸쿠와 **チョコレート**초콜릿의 합성어로 지금까지 발렌타인데이에 여성이 남성에게 초콜릿을 주었던 것을 반대로 남성이 여성에게 주는 초콜릿을 바로 갸쿠초코라고 합니다. 모리나가제과의 '남녀 발렌타인데이 의식조사'에서 90.8%의 여성이 '만약 받는다면 발렌타인데이때 남성으로부터 초코렛을 받고 싶다' 라는 의견을 보이기도 했습니다. 갸쿠초코의 재미난 점은 주는 상대가 뒤집힌 것보다는 초콜릿 자체의 포장에 있는 것 같은데요, 반대. 거꾸로란 점을 강조하여 초콜릿포장의 글씨도 거꾸로 써넣는 재치를 발휘했네요. **'待つよりも、いっそあげよう**기다릴 바에는 차라리 주자'라는 카피 광고도 재미있습니다. 역시 상업정신에 있어서 타의 추종을 불허하는 일본이라는 생각이 드네요.

이 밖에도 일본 온라인 쇼핑몰에서는 발렌타인데이 선물로 자동차를 좋아하는 애인을 위한 공구세트 모양의 초콜릿, 연인관계를 확실히 확인해 주는 **ボルト**
볼트·**ナット**너트모양 초콜릿세트가 불티나게 팔리고 있고 가족을 위한 선물로는 **抹茶**말차로 만든 웰빙 **生チョコ**생 초콜릿도 인기가 있다고 하네요.

재미 있는 건 초콜릿도 아닌 하트 모양의 **かまぼこ**어묵도 인기를 끌고 있다는 사실. 소비자 취향과 그에 따른 상품 라인업을 다양하게 갖추고 있다는 점도 매우 흥미롭습니다. 역시 상업화의 대국 일본답지요?

15

とてもすてきですね。

매우 멋지네요.

 신발&가방　🎧 Track 066

■	ざっか	雑貨	잡화
■	シューズ		신발
■	くつ	靴	구두
1	スニーカー		스니커
2	ハイヒール		하이힐
3	オープントーシューズ		오픈 토 슈즈
4	サンダル		샌들
5	ミュール		뮬
6	スリッパ		슬리퍼
7	ブーツ		부츠
8	パンプス		펌프스
9	つまさき	つま先	발끝
10	かかと		굽
11	ハンドバッグ		핸드백
12	ショルダーバッグ		숄더백
13	トートバッグ		토트백
14	ボストンバック		보스턴백
15	ポーチ		파우치
16	セカンドバック		세컨드백
17	エコロジーバッグ		에코백
18	クラッチバッグ		클러치백
19	さいふ	財布	지갑

학습
목표

な형용사 –기본적 특징과 부정 표현

형용사는 사물의 성질·상태·사람의 감정·감각·판단 등을 나타내는 품사입니다. 일본어에는 두 종류의 형용사가 있는데요, 하나는 앞서 배웠던 い형용사이고, 또 다른 하나는 이번 시간에 배울 な형용사입니다. な형용사는 기본형이 모두 「~だ」로 끝나며, 활용을 하여 명사를 수식하기도 하고 문장의 술어가 되기도 하지요. 이 장에서는 な형용사의 기본적 특징은 무엇인지, 부정의 표현을 만들 때는 어떻게 활용하면 되는지에 대해 알아볼까요?

とてもすてきですね。

 Track 067

ミホ　あのう、ブーツがほしいんですが。

てんいん
店員　革<ruby>革<rt>かわ</rt></ruby>のブーツはどうですか？

　　　この秋<ruby>秋<rt>あき</rt></ruby>の必須<ruby>必須<rt>ひっす</rt></ruby>アイテムですよ。

ミホ　とてもすてきですね。

　　　でも、つま先<ruby>先<rt>さき</rt></ruby>がちょっときつそうですね。

てんいん
店員　では、そちらはどうですか。

　　　軽<ruby>軽<rt>かる</rt></ruby>くて丈夫<ruby>丈夫<rt>じょうぶ</rt></ruby>ですよ。

ミホ　これは楽<ruby>楽<rt>らく</rt></ruby>そうですね。色違<ruby>色違<rt>いろちが</rt></ruby>いはないですか。

てんいん
店員　ベージュやグレー、紺色<ruby>紺色<rt>こんいろ</rt></ruby>などがあります。

TIP

• 色(いろ)違(ちが)い : 다른 컬러, 다른 색상
쇼핑하러 갔을 때 기본 색상 외에 다른 색상을 구입하고 싶다면 어떻게 말하면 좋을까요? 다른 색상은 없나요? 다른 컬러는 없나요?라고 말하겠지요? 일본어에서는 색깔을 色(いろ)라고 하고 다른은 他の이지만 다른 색상, 다른 컬러는 他(ほか)의 色(いろ)라고 하지 않고 色違(いろちが)い라고 한다는 것, 꼭 기억해 두세요. 違い는 다름, 차이라는 뜻입니다.

• AやBなどがあります : A랑/A나 B등이 있습니다
말하려는 대상이 세 개 이상이라 나열을 해야 할 경우, A랑/A나 B등이 라는 표현으로 AやBなど를 쓸 수 있고, あります는 동사로 ~가 있습니다라는 표현입니다.

매우 멋지네요.

미호 : 저, 부츠를 사고 싶은데요.

점원 : 가죽 부츠는 어떠세요?

　　　이번 가을 필수 아이템입니다.

미호 : 매우 멋지네요.

　　　그런데 발끝이 좀 낄 것 같네요.

점원 : 그럼 저건 어떠세요?

　　　가볍고 튼튼합니다.

미호 : 이건 편하네요. 다른 색상은 없나요?

점원 : 베이지와 회색, 남색 등이 있습니다.

- ブーツ : 명 부츠
- 革(かわ) : 명 가죽
- 秋(あき) : 명 겨울
- 必須(ひっす)アイテム : 명 필수 아이템, 잇 아이템
- すてきだ : 나형 멋지다, 훌륭하다
- つま先(さき) : 명 발끝
- きつい : 이형 꼭 끼다, 심하다
- 軽(かる)い : 이형 가볍다
- 丈夫(じょうぶ)だ : 나형 튼튼하다
- 楽(らく)だ : 나형 편하다
- 色違(いろちが)い : 명 다른 컬러

- ベージュ : 명 베이지
- や : 조 ~나, ~랑
- グレー : 명 회색
- 紺色(こんいろ) : 명 남색
- など : 조 등
- あります : 동 있습니다
- サイズ : 사이즈
  230ミリ (X) → 23センチ
  235ミリ (X) → 23.5センチ
  240ミリ (X) → 24センチ
  245ミリ (X) → 24.5センチ

おすしはあまり好きじゃ
ありません!

🎧 Track 068

ソヨン　このマグロ、すごく新鮮だわ。

ミホ　先輩はおすしとおさしみ、どちらが好きですか？

ソヨン　お魚料理なら何でも好き。ミホは？

ミホ　あまり好きじゃありません。

　　　私、生ぐさいのがちょっと苦手なんです。

ソヨン　じゃあ、食べ物の中で何が一番好きなの？

ミホ　お魚以外は全部大丈夫ですよ。

생선
좋아하세요?

없어서
못먹지~

TIP

• Aが好(す)き/きらい : A를 좋아하다/싫어하다
A를 좋아하다/싫어하다라는 표현인데요, 이 중에서도 好(す)라는 표현, 많이 들어보셨지요? 어떤 대상을 좋아한다는 뜻으로 일반적으로 쓰이지만 연인 사이에 서 '사랑해'라는 말을 할 때도 好(す)き라는 표현을 쓸 때도 있답니다. 단 주의해야 할 것은 ～을 좋아하다이 지만 조사는 が를 써야한다는 점이예요.

초밥은 그다지 좋아하지 않아요.

소영: 이 참치, 진짜 신선하다.

미호: 선배님은 초밥과 회 중 어느 쪽을 좋아하세요?

소영: 응, 나는 생선요리라면 뭐든지 좋아해. 미호는?

미호: 그다지 좋아하지 않아요.
　　　저는 비린내 나는 걸 못 먹거든요.

소영: 그럼 음식 중에서 뭘 제일 좋아해?

미호: 생선 외에는 다 괜찮아요.

- マグロ : 명 참치
- すごく : い형용사의 부사적 용법 매우, 굉장히
- 新鮮(しんせん)だ : 나형 신선하다
- おすし : 명 초밥
- おさしみ : 명 회
- 好(すき)だ : 나형 좋아하다
- あまり : 부 별로, 그다지
- 生(なま)ぐさい : 이형 비린내나다
- 苦手(にがて)だ : 나형 질색이다, 서투르다, 잘

하지 못하다
- 食べ物(たべもの) : 명 음식
- 一番(いちばん) : 명 가장, 제일
- 以外(いがい) : 명 이외
- 全部(ぜんぶ) : 명 전부
- 大丈夫(だいじょうぶ)だ : 나형 괜찮다

1. な형용사의 특징

な형용사도 い형용사와 마찬가지로 사물의 성질이나 상태를 나타내는 말이예요. 단 い형용사와의 큰 차이점은 い형용사의 기본형 어미가 「い」로 끝나는데 반해 な형용사는 「だ」로 끝난다는 것이지요. 게다가 활용 방법도 い형용사와는 조금 다르다는 것이 특징이랍니다. 그럼 차근차근 살펴 볼까요?

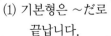

(1) 기본형은 ~だ로 끝납니다.

好<small>す</small>きだ 좋아하다	きらいだ 싫어하다
上手<small>じょうず</small>だ 잘한다	下手<small>へた</small>だ 못한다

(2) 기본형은 어간과 어미로 이루어져 있습니다.

好<small>す</small>きい = 好<small>す</small>き(어간) ㅋ + だ(어미) 다

(3) 기본형은 바로 술어로 쓸 수 있습니다.

好<small>す</small>きだ 좋아한다   大丈夫<small>だいじょうぶ</small>だ 괜찮다

(4) 어간만으로도 술어로 쓸 수 있습니다.

好<small>す</small>き！ 좋아해!   大丈夫<small>だいじょうぶ</small>！ 괜찮아!

♥ な형용사의 사전형

い형용사를 사전에서 찾으려면 형태의 기본형으로 찾으면 되는데요, な형용사의 경우에는 기본형과 사전에서 찾을 때의 모양이 서로 다릅니다. 어떻게 다른지 볼까요?

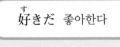

	어간	어미	기본형	사전형
い형용사	やさし	い	やさしい	やさしい
な형용사	すき	だ	すきだ	すき

■ な형용사의 경우 사전에서 찾을 때는 어간만으로 찾아야 한다는 것 잘 아시겠지요?

2. な형용사의 정중한 표현

な형용사는 어간과 어미로 이루어져 있지요? 정중한 표현을 만들 때에는 어미인 だ를 빼고 어간에 무조건 「です」만 붙이면 '~ㅂ니다' 라는 정중한 표현이 됩니다.

어간 + です。 = (합)니다

好きだ + です = 좋아하다 + (합)니다

例 ① 私はティラミスケーキが好きです。 나는 티라미수 케이크를 좋아합니다.
　 ② 彼女は料理が上手です。 그녀는 요리를 잘 합니다.

단어 ティラミスケーキ 티라미수 케이크 | 料理(りょうり) 요리

3. な형용사의 의문문

(1) 평서형의 의문문 만들기

보통 친구나 손아랫사람에게 말할 때는 '좋아? 예뻐? 재밌니?' 처럼 반말을 쓰는 경우가 많지요? 일본어에서는 な형용사의 경우에는 어간만으로 의문문형 표현을 할 수 있는데 단, 끝을 살짝 올려 주어 의문의 뉘앙스를 나타내 주세요. 또는 어간 뒤에 なの를 붙여서 ~니? 하고 물어볼 수도 있습니다. ← 17과에서 자세히 살펴봅시다.

어간／
어간 + なの
好き／
好きなの？

例 ① ネコがきらい？／ / ネコがきらいなの？／
　　고양이를 싫어해? / 고양이를 싫어하니?
　 ② あの着物、すてき？ / あの着物、すてきなの？
　　저 기모노 근사해? / 저 기모노 근사하니?

단어 きらいだ 싫어하다 | ピアノ 피아노 | すてきだ 근사하다

167

♥ 목적격 조사 が를 쓰는 특별한 な형용사

다음의 な형용사는 ~을 ~하다라는 표현이지만 목적격 조사를 「が」로 써야 하는 특별한 な형용사입니다.

<ruby>歌<rt>うた</rt></ruby>が<ruby>好<rt>す</rt></ruby>きだ   ↔   <ruby>歌<rt>うた</rt></ruby>がきらいだ   <ruby>歌<rt>うた</rt></ruby>が<ruby>上手<rt>じょうず</rt></ruby>だ   ↔   <ruby>歌<rt>うた</rt></ruby>が<ruby>下手<rt>へた</rt></ruby>だ

노래를 좋아한다   노래를 싫어한다   노래를 잘한다   노래를 못한다

<ruby>歌<rt>うた</rt></ruby>が<ruby>得意<rt>とくい</rt></ruby>だ   ↔   <ruby>歌<rt>うた</rt></ruby>が<ruby>苦手<rt>にがて</rt></ruby>だ

노래를 잘한다(주특기다)   노래를 못한다(노래는 딱 질색이다)

(2) 정중한 표현의 의문문 만들기

의문문을 만들 때는 명사와 마찬가지로 「です」 뒤에 의문을 나타내는 종결어미인 「か」만 붙이면 됩니다.

어간 + ですか = ~ + ㅂ니까?

<ruby>好<rt>す</rt></ruby>き + です = <ruby>好<rt>す</rt></ruby>きですか

例 ① カラオケが<ruby>好<rt>す</rt></ruby>きですか? 노래방을 좋아합니까?

② お<ruby>肉料理<rt>にくりょうり</rt></ruby>がきらいですか? 고기 요리를 싫어하나요?

단어 お肉(にく) 고기

4. な형용사의 부정형

(1) 평서형의 부정문 만들기

な형용사의 어미인 「だ」를 빼고 어간에 「ではない」만 붙이면 '~지 않다'는 부정 표현이 됩니다.

な형용사의 어간 + ではない = ~지 않다

<ruby>好<rt>す</rt></ruby>き + ではない

例 ① <ruby>革<rt>かわ</rt></ruby>のカバンは<ruby>丈夫<rt>じょうぶ</rt></ruby>だ   →   <ruby>丈夫<rt>じょうぶ</rt></ruby>ではない

가죽 가방은 튼튼하다   튼튼하지 않다(안 튼튼하다)

② スイカが新鮮だ　　　→　新鮮ではない　　　　　　　　단어 ベッド 침대 ｜ スイカ 수박

　수박이 신선하다　　　　　신선하지 않다(안 신선하다)

(2) 부정형의 정중한 표현 만들기

정중한 표현을 만들려면 では(じゃ)ない 뒤에 「です」만 붙이면 된다는 것! 벌써 감이 오셨지요? 또 다른 표현으로는 명사나 い형용사와 마찬가지로 「ないです」를 「ありません」으로 바꾸어도 된답니다. 단 「ないです」는 친밀하고 캐주얼한 느낌이고 「ありません」은 좀 더 격식 있고 정중한 표현이라는 것 기억해 두세요. 「では」를 줄인 표현은 「じゃ」이므로 「じゃないです/じゃありません」도 활용할 수 있습니다.

な형용사의 어간 + では「じゃ」ないです/ + では「じゃ」ありません　 = 　～지 않아요/않습니다

　　　　好き + では「じゃ」ないです/好き + では「じゃ」ないです

　　　　　　　 = 好きでは「じゃ」ないです/好きでは「じゃ」ないです

例　① 革のカバンは丈夫ではないです。/ 革のカバンは丈夫ではありません。

　　가죽 가방은 튼튼하지 않아요. / 가죽 가방은 튼튼하지 않습니다.

　② スイカが新鮮ではないです。/ 新鮮ではありません。

　　수박이 신선하지 않아요. / 수박이 신선하지 않습니다.

♥ 비교하기!

(1) 둘 중에서 고르라면?

　AとBとどちらが好き?

　　例　コーヒーとジュースとどちらが好きですか? 커피와 주스 중 어느 쪽을 좋아합니까?

　　　→　ジュースよりコーヒーの方が好きです。　주스보다 커피를 좋아합니다.

(2) 셋 이상에서 고르라면?

　～の中で、どれ/何が一番好き?

　　例　コーヒーとジュースとどちらが好きですか? 음료 중에서 어느 것/무엇을 가장 좋아합니까?

　　　→　コーヒーが一番好きです。　커피를 가장 좋아합니다.

단어 コーヒー 커피 ｜ ジュース 주스 ｜ 飲(の)み物(もの) 음료 ｜ 一(いち)番(ばん) 가장

이 3가지를 먹을 줄 알면 일본 사람?

2년 전 한국에 유학 온 크리스틴. 쌈밥집에서 보리밥에 총각김치를 하나 턱하니 올려서 줄기까지 말끔히 먹고, 청국장 한 숟갈 푹 떠서 밥에 쓱쓱 비벼먹는 금발에 갈색 눈의 크리스틴. 어때요? '한국 사람 다 됐네요!' 한마디 건네고 싶지 않으세요? 우리가 청국장에 총각김치에 삭힌 젓갈을 먹는 외국인을 보면 한국 사람 다 됐네라고 말 하듯이 일본에도 이걸 먹을 줄 알면 일본인 다 되었다는 말을 듣는 음식이 있는데요, 바로 **梅干し**우메보시, **大葉 (青ジソの若葉)**오바, **納豆**낫토입니다.

우메보시 梅干し うめぼ

우메보시는 매실을 저장식품으로 만든 것으로, 생각만 해도 입안에 침이 고일 정도로 시큼한맛이 상상을 초월해요. 일본인이 좋아하는 대표적인 식품인 우메보시는 귀중한 선물이기도 합니다. 도시락에는 크건 작건 우메보시가 들어가 있는 것도 많고, **おにぎり**삼각김밥에도, 찻물에 밥을 말아먹는 **お茶漬け** ちゃづ 오차즈케에도 넣어 먹지요. 술을 마실 때도 소주를 따뜻한 물로 희석해서 우메보시를 넣어 먹는 **梅割り** うめ わ 우메와리는 향과 맛을 한층 돋아주어 술맛을 좋게 해줍니다. 게다가 입맛이 없을 때는 입가심으로도 이 우메보시를 먹기도 한답니다.

오바 大葉 おおば

오바는 우리나라의 깻잎과 비슷한 것인데요, 향이 독특해서 우리나라 사람 중에는 좋아하지 않는 사람이 많아요. 보통 **お刺身** さしみ 회를 이 오바 위에 올려서 내 놓는데요, 이 맛에 익숙해 지면 그 향이 그렇게 좋을 수가 없어요. 일본 음식의 요리 재료 보다는 거의 회와 함께 먹는데요. 회는 일본인이 제일 좋아하는 음식의 하나로 술 안주에 기본이기도 하니 오바를 볼 수 있는 기회가 많다고 봐도 되겠네요.

낫토 納豆 なっとう

마지막으로 낫토는 콩을 발효시킨 것인데, 꼭 우리의 청국장을 만들 때 보면 콩이 발효될 때 약간 찐득대는 상태와 비슷하다고 보면 됩니다. 다른 점이라면 콩에 약간 뿌리가 나온 상태라는 것 정도일까요? 그런데 이 낫토는 냄새가 청국장과 비슷하면서도 좀 더 강력한 느낌인데요, 그래서 처음에 멋모르고 먹어 보고는 깜짝 놀라는 사람들도 있어요. 그러나 이것도 자주 시도해보면 중독성이 강해서 자꾸자꾸 먹고 싶어진답니다. 요즘에는 맛은 그대로이고 냄새만 없앤 낫토도 많아서 한결 먹기 수월할 수도 있겠네요. 이 낫토는 그냥 먹는 게 아니고 간장을 부어 먹거나 날계란을 넣어서 같이 저어서 밥에 얹어 먹어요. 또 낫토**のりまき**김밥 등 낫토가 들어간 여러 가지 음식이 있을 만큼 일본인들이 좋아하는 음식의 하나랍니다. 아마 호텔에 가서 아침에 식당에 내려 가면 일본식 아침 식사에는 거의 빠지지 않을 거예요. 그런데 이 낫토는 동경을 중심으로 한 관동 지방이 오사카 중심의 관서 지방보다 더 즐겨먹는다고 합니다.

이 세 가지는 일본에서만 볼 수 있는 특이한 음식이면서도 냄새가 독특해요. 그래서 이 음식을 잘 먹으면 일본 사람이 다 되었다고 한답니다. 마치 우리나라의 청국장이나 삭힌 젓갈을 외국인은 먹기가 쉽지 않듯이 말이에요.

シンプルなデザインが いいんですが。

심플한 디자인이 좋은데요.

 액세서리  Track 069

■ アクセサリー		액세서리
1 メガネ		안경
2 サングラス		선글라스
3 フレームなし		무테
4 コンタクト		콘택트 렌즈
■ ジュエリー		주얼리, 보석
5 ピアス/イヤリング		귀걸이
6 リング/指輪(ゆびわ)		반지
7 ネックレス		목걸이
8 ブレスレット		팔찌
9 ヘアピン		머리핀
10 キーホルだー		열쇠고리
11 うでどけい	腕時計	손목시계
12 ブローチ		브로치
13 ダイアモンド		다이아몬드
14 プラチナ		플라티나
15 きん/ゴールド	金	금
■ ホワイトゴールド		백금
16 ぎん/ シルバー	銀	은
17 しんじゅ/パール	真珠	진주

な形容사

이 장에서는 명사를 수식할 때와 연결할 때 な형용사의 활용 방법에 대해 알아보도록 하겠습니다.

シンプルなデザインが いいんですが。

Track 070

店員 このネックレスが今シーズンの新商品ですよ。

ミホ 私にはちょっと派手じゃありませんか？

私にはちょっと……。

店員 お客さまのようなおしゃれな方にぴったりですよ。

ミホ もう少しシンプルなデザインがいいんですが。

店員 では、こちらのホワイトゴールドはいかがですか。

ミホ これがいいですね。おいくらですか。

TIP

- ようだ : ~같다
  마치 천사 같다, 꽃처럼 아름답다와 같이 다른 대상에 비유하거나 비교해서 말할 때 쓰는 표현입니다. 명사 뒤에 붙을 때는 명사 + の + ようだ라고 해야 합니다. 천사같다라고 한다면 天使(てん し)のようだ라고 해야겠지요?

- おいくらですか : 얼마입니까?

いくらは 얼마, 어느 정도라는 뜻으로 값을 물어볼 때는 おいくらですか라고 합니다.

 현지 동영상 에서는
- 私にはちょっと……。 라고 얘기했죠? 이심전심이 통하는 나라 일본. 딱 잘라 말 하기 곤란할 때에는 이렇게 말끝을 흐리 기 일쑤랍니다.

심플한 디자인이 좋은데요.

점원: 이 목걸이가 이번 시즌 신상이예요.

미호: 저한테는 좀 화려하지 않나요?

　　　저한테는 좀….

점원: 손님처럼 세련된 분께 딱이에요.

미호: 조금 더 심플한 디자인이 좋은데요.

점원: 그럼 이쪽 백금 목걸이는 어떠세요?

미호: 이게 좋겠네요. 얼마지요?

- 今(こん)シーズン : 몡 이번 시즌
- 新商品(しんしょうひん) : 몡 신상품
- 派手(はで)だ : 나형 화려하다
- お客(きゃく)さま : 몡 손님
- ようだ : 나형 ~같다
- おしゃれだ : 나형 세련되다
- 方(かた) : 몡 분
- ぴったり : 나형 딱 맞다. 잘 어울린다
- シンプルだ : 나형 심플하다
- デザイン : 몡 디자인

- ホワイトゴールド : 몡 백금
- いかが : 뷔 どう의 경어 표현
- いかがですか : 어떠십니까?
  どうですか의 경어표현으로, '어
  떠십니까?'라고 깍듯이 물어보
  는 표현
- おいくら : 몡 얼마

誠実で、素直な人がいいわ。

 Track 071

スジン ねえ、ソヨンの理想のタイプってどんな人？

ソヨン 難しいな。スジンは？

スジン 私は、ハンサムで、スポーツも上手で、おしゃれな人が好き。

ソヨン 人は外見より中身がずっと大事なのよ。

私はやっぱり、誠実で素直な人がいいわ。

 TIP

- 理想(りそう)のタイプ : 이상형
  나의 이상형은 키 큰 사람이야 처럼 '이상형'이란 말을 쓰
  는데요, 일본어로는 理想(りそう)のタイプ란 표현을 더 많
  이 씁니다.

성실하고 솔직한 사람이 좋아.

수진: 있잖아, 소영이의 이상형은 어떤 사람이야?

소영: 어렵다. 수진이는?

수진: 난 핸섬하고 스포츠도 잘 하고 세련된 사람이 좋아.

소영: 사람은 겉모습보다 내면이 더 중요한거야.

　　　난 역시 성실하고 솔직한 사람이 좋아.

- 理想(りそう) : 명 이상
- タイプ : 명 타입
- ハンサムだ : 나형 잘생겼다, 핸섬하다
- スポーツ : 명 스포츠
- 上手(じょうず)だ : 나형 잘한다
- 外見(がいけん) : 명 외모
- 中身(なかみ) : 명 내면

- ずっと : 부 훨씬, 쭉
- 大事(だいじ)だ : 나형 소중하다
- やっぱり : 부 역시
- 誠実(せいじつ)だ : 나형 성실하다
- 素直(すなお)だ : 나형 솔직하다

1. な형용사가 명사를 수식할 때

な형용사의 명사 수식형은 어떻게 만들면 좋을까요?
い형용사와 な형용사의 가장 큰 차이점은 바로 명사를 수식하는 활용법에 있어요. な형용사의 경우에는 명사와 만날 때 어미「だ」를「な」로 바꿔 주어야 해요.「な」형용사의 이름은 명사를 수식할 때「な」를 붙인다고 해서 붙여진 이름이랍니다. 어때요? 기억하기 쉽지요?

な형용사의 어간 + な + 명사 ＝ 〜한(ㄴ) 명사
シンプル + な + デザイン ＝ シンプルなデザイン

例 ① このカフェはおしゃれだ　　　→ おしゃれなカフェ
　　　이 카페는 세련되다　　　　　　세련된 카페

　② 部屋がきれいだ　　　　　　　→ きれいな部屋
　　　방이 깨끗하다　　　　　　　　깨끗한 방

단어 指輪(ゆびわ) 반지 ┃ きれいだ 깨끗하다, 예쁘다

> ♥ 특별한 명사수식형을 갖는 な형용사 – 同じだ
>
> 단, 同じだ(같다)의 경우 뒤에 명사를 연결할 때 な를 붙이지 않고
> 어간인 同에 바로 명사를 붙입니다
>
> 同じなカバン(✕)　　同じカバン(○) - 같은 가방

2. な형용사의 중지형

(1) 문장과 문장을 연결할 때 – 하고

그는 잘생겼다.　彼はハンサムだ。　　그는 멋있다.　彼はすてきだ。

밑줄 친 부분을 한 문장으로 만들면, '그는 잘생겼고 멋있어.' 가 되지요? '〜 (하)고'라는 뜻의 중지형에 대해서는 い형용사 에서도 배운 적이 있는데요, 이번에는 な형용사의 중지형을 어떻게 만드는 지 알아볼까요? な형용사는 어미인「だ」를「で」로 바꿔주기만 하면 됩니다. 정말 쉽지요?

な형용사의 어간 + で	=	〜하고
おしゃれ + で	=	おしゃれで

例 ① このブレスレットはシンプルできれいですね。 이 팔찌는 심플하고 예쁘네요.

ちかてつ　べんり　はや
② 地下鉄は便利で速いです。 지하철은 편리하고 빠릅니다.

■ 우리가 배운 い형용사와도 함께 써 볼 수 있겠지요?

단어 ブレスレット 팔찌 | 地下鉄(ちかてつ) 지하철 | 便利(べんり)だ 편리하다

(2) 원인이나 이유를 나타낼 때 – 〜해서

중지형은 문장의 열거 외에도 '〜어서/〜아서'와 같이 뒤에 올 문장의 원인이나 이유로 쓰이기도 했지요? な형용사도 한 번 살펴 볼까요?

な형용사의 어간 + で	=	〜어서/〜아서
おしゃれ + で	=	おしゃれで

例 ① このブレスレットはシンプルでいいですね。 이 팔찌는 심플해서 좋네요.

ちかてつ　べんり　　りょう
② 地下鉄は便利でよく利用します。 지하철은 편리해서 자주 이용합니다.

■ 보통 원인이나 이유를 나타내는 중지형 용법은 뒤에 동사와 함께 나오는 경우가 많답니다. 차차 공부해 나가도록 합시다.

일본의 결혼식

평생의 약속 결혼식!! 눈부시게 화창한 날 아름다운 **ウェディングドレス**웨딩드레스를 입고 사뿐사뿐 걸어가는 **バージンロード**버진 로드. 그리고 그 끝에서 나를 바라보는 멋진 **王子様**왕자님. 행복과 환희로 가슴 벅찬 그 순간을 함께 축하하듯 경건하게 울려 퍼지는 종소리와 하객들의 축하 박수. 여자라면 누구나 한 번쯤은 꿈꿔봤을 법한 결혼식 풍경이지요?

한국의 결혼식은 어떤가요? 보통 20분이면 후다닥 끝나버리고 하객 인사에, 폐백에, 시댁 식구들에게 절만 열심히 하다가 신혼여행 비행기 시간에 늦지 않기 위해 헐레벌떡 공항으로 향하면서 주말의 교통체증과 싸워야 해요. 무거운 머리와 화장은 공항에서도 한눈에 '우리 방금 결혼했어요'를 광고하는 모습으로 비행기에 피곤한 몸을 대충 누이고 그제서야 한숨 돌리게 되는 게 일반적인 결혼식의 모습이라고 생각합니다. 기쁨을 만끽하면서 사랑하는 부모님과 형제자매들과 인사조차 제대로 나눌 여유도 없이 무슨 전쟁 치루듯 한국식 '빨리 빨리'를 연발하는 것은 결혼식도 별반 다를 바 없는 것 같네요.

한편, 우리와 가장 가까운 나라 일본은 어떨까요? 일본 사람들이 한국 결혼식에 와서 가장 놀라는 점이 첫 번째 굳이 친하지 않은 친구의 친구라도 올 수 있는 개방적인 문화라는 것. 두 번째, 뭔가 있을 줄 알았건만 눈 깜짝할 사이에 끝나버려 매우 아쉽다는 점이라고 하네요.
일본은 우선 결혼식 날짜가 정해지면 결혼식에 초대할 사람의 리스트를 만들어 **招待状**초대장을 발송하게 되는데요. 이때 초대장을 받은 사람은 반드시 참석 여부를 체크하여 회신해야 합니다. 왜냐하면 일본의 결혼식장에서는 초대된 사람에 맞추어 자리를 배정하고 또 하객 수에 맞추어 1인분씩 **コース料理**코스 요리를 준비해야 하기 때문이예요.

일본의 결혼식은 보통 2~4시간 동안 진행이 되는데요, 식사를 하면서 **新郎**신랑 **新婦**신부의 친구나 직장 상

Wedding

사의 인사가 있고 하객이 노래를 부르기도 합니다. 또, 신랑 신부의 자라온 모습이나 두 사람의 만나온 과정 등을 영상으로 만들어 음악과 함께 미니드라마처럼 보여주기도 하지요. 마지막으로는 신부가 눈물을 흘리며 부모님께 쓴 편지를 읽는 것으로 식이 마무리되는 것이 일반적이예요. 이 때 중간 중간 드레스를 갈아입는 **色直し**(いろなお)색고침을 하는데, 보통 1~4회 정도를 갈아 입습니다.

일본의 **ご祝儀/お祝い金**(しゅうぎ/いわ きん)축의금 문화는 어떨까요? 일본도 한국과 마찬가지로 축의금을 내는데요, 일반적으로 3만엔, 5만엔, 7만엔처럼 둘로 나누어지지 않도록 홀수로 내야 합니다. 우리에 비해 결혼식 참석만으로도 가계에 타격을 많이 받겠죠? 그렇기에 축의금이 많이 나가는 시기인 20대 후반~30대 초반에는 **結婚式貧乏**(けっこんしき びんぼう)결혼식으로 가난해진다라는 말이 있을 정도라고 하네요. 대신 결혼식이 끝나고 집에 돌아갈 때에는 **引き出物**(ひ でもの)답례품이라는 것을 받을 수 있는데, 보통 가격대는 5천엔~1만엔 선입니다. 요즘에는 카탈로그에서 직접 고를 수 있게 하는 커플도 많이 있지만 보통 답례품으로 가장 인기가 많은 것이 평소에 맛볼 수 없는 고급 제과점의 **ケーキ**케익이고 가장 받기 싫은 답례품으로 신랑신부의 이름이나 사진이 박힌 찻잔 세트라고 합니다.

또 하나 재미있는 것은 일본은 기독교 신자가 아닌데도 교회식으로 예식을 올리는 것을 전혀 이상하게 생각하지 않는다는 점이예요. 하물며 한 동네에 하나씩은 교회를 본 따 만든 예식장이 있을 정도니, 처음에는 교회인줄 착각하고 들어갔다가 예식장인 걸 알고 허둥지둥 나왔다는 외국인도 더러 있다는군요. 신랑도 신부도 평소에는 교회 근처에도 가지 않았지만 기도를 하면서 서약을 하고 하객들에게 찬송가를 부르게 한다는 게 우리네 입장에서는 이상하기 짝이 없지만 정월초하루에는 **神道**(しんとう)신도식으로, 결혼은 **キリスト教**(きょう)기독교식으로, 장례는 **仏教**(ぶっきょう)불교식으로 하는 것이 일본에서는 이미 너무나 자연스러운 모습으로 자리잡고 있답니다.

181

17

おしゃれで
快適(かいてき)でしたよ。

세련되고 쾌적했어요.

Track 072

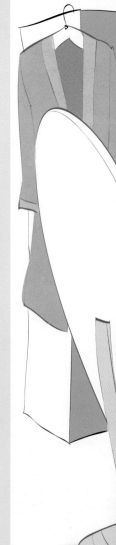

■ ようふく	洋服	서양식 의복 전통의상에 대비되는 '옷' 전체를 나타냄
1 わふく	和服	일본 전통 의상
2 きもの	着物	옷, 일본 전통 의상
3 せびろ	背広	남자 양복
4 スーツ		수트, 정장
5 カジュアル		캐주얼
■ そでなし/はんそで/ながそで	袖なし/半袖/長袖	민소매/반팔/긴팔
6 えり		깃
7 ポケット		주머니
■ うわぎ	上着	상의, 윗옷
8 コート		코트
9 オーバー		오버코트, 외투
10 ワンピース		원피스
11 シャツ		셔츠
12 ジャケット		자켓
13 セーター		스웨터
14 ブラウス		블라우스
15 ベスト		조끼
■ ボトム		하의
■ ズボン/パンツ		바지
16 スカート		치마, 스커트
17 くつした	靴下	양말
18 ストッキング		스타킹

な형용사

이 장에서는 な형용사의 과거형과 과거부정형에 대해 알아볼까요?

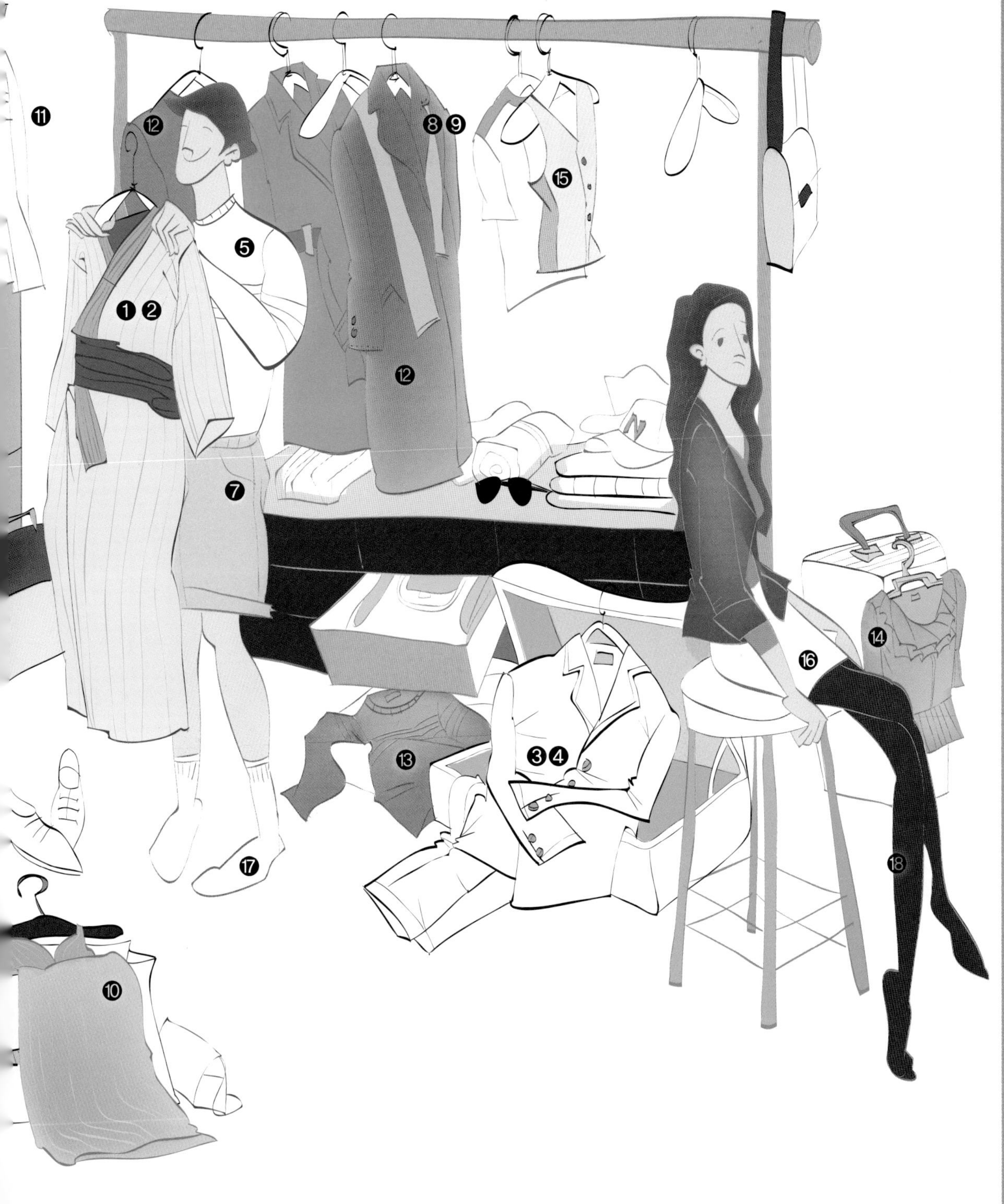

11
12
8 9
15
5
1 2
12
7
16
14
13
3 4
17
18
10

おしゃれで快適でしたよ。

🎧 Track 073

ミホ　新しいアウトレット、おしゃれで快適でしたよ。

ソヨン　けっこう人多かったでしょ？

ミホ　ええ、週末でしたから、子ども連れが多くて、にぎやかでしたね。

ソヨン　このごろすごい話題だからね。

ミホ　とにかく価格だけはすごく安かったんですよ。

ソヨン　アウトレットってやっぱ価格で勝負だよね。

> 새로 생긴 아울렛 괜찮더군요

> 가격이 저렴하니까 최고지!

🚩 **TIP**

• ～で勝負(しょうぶ)：～로 승부
딱히 시합은 아니지만 일본어를 듣다 보면 ～로 승부 다 라는 말을 자주 들을 수 있어요. 예를 들어 '男(おとこ)はハートで勝負(しょうぶ)! 남자는 하트로 승부!'처럼요. 정말 하트를 가지고 승부를 내서 우열을 가린다는 것이 아니라 그것이 중요하다는 것을 이야기하는 것이랍니다. 이 밖에도 중요한 날을 위해 특별히 구입한 속옷을 勝負下着(しょうぶしたぎ), 勝負(しょうぶ)パンツ라고도 한답니다.

세련되고 쾌적했어요.

미호: 새로 생긴 아울렛, 세련되고 쾌적했어요.

소영: 꽤 사람 많았지?

미호: 네, 주말이라, 아이들과 함께 온 가족단위가 많아서 붐볐어요.

소영: 요즘 엄청 화제니까.

미호: 아무튼 가격은 굉장히 쌌어요.

소영: 아울렛은 역시 가격으로 승부하는 거지.

- アウトレット : 몡 아울렛
- 快適(かいてき)だ : 나형 쾌적하다
- けっこう : 뷰 꽤, 상당히
- 週末(しゅうまつ) : 몡 주말
- 子(こ)ども連(づ)れ : 몡 가족 단위(아이들을 데리고 옴)
- にぎやかだ : 나형 번화하다, 북적이다, 붐비다
- このごろ : 몡 요즘
- 話題(わだい) : 몡 화제
- とにかく : 뷰 아무튼
- 価格(かかく) : 몡 가격

- だけ : 조 ~만, ~뿐
- で : 조 으로
- やっぱ : 뷰 역시 やはり(やっぱり)의 속어
- 勝負(しょうぶ) : 몡 승부

それほど有名では
なかったけどね。

 Track 074

スジン　あっちの女の子、だれ？

ソヨン　あの子がはると先輩のうわさの彼女らしいよ。

スジン　ああ、元アイドルグループのメンバーって子だよね。

ソヨン　そう、そう。それほど有名ではなかったけどね。

スジン　でも、なんか意外と地味だね。

ソヨン　うん、私もそれが不思議だと思ったんだけど、

　　　　それが彼女の魅力なんだって。

スジン　へえ、なるほど。そうなんだ。

TIP

- **なるほど**
어떤 몰랐던 사실을 알게 되었을 때나 어떤 설명을 듣고 난 후
납득이 되었을 때 하는 말로, 우리 말로는 '아, 과연 그렇군요'의
'과연' 정도에 해당됩니다.

그렇게 유명하지는 않았지만 말야.

수진: 저 쪽에 있는 여자애 누구야?

소영: 쟤가 하루토 선배의 그 유명한 여자친구래.

수진: 아, 옛날 아이돌 그룹 멤버였다는 애말이지?

소영: 맞아 맞아. 그렇게 유명하지는 않았지만 말야.

수진: 뭔가 의외로 수수하다.

소영: 응, 나도 그게 좀 이상하다고 생각했는데,
　　　그게 저 아이의 매력이래.

수진: 음, 과연. 그렇구나.

- **あっち** : 때 저쪽. あちら의 변한 말
- **女(おんな)の子(こ)** : 명 여자, 여자애
- **だれ** : 명 누구
- **うわさ** : 명 소문
- **彼女(かのじょ)** : 명 여자친구. 그녀라는 뜻
　　도 있지만 여자친구라는
　　뜻도 있답니다!
- **らしい** : 나형 ～라고 한다
- **元(もと)アイドルグループ** : 명 전 아이돌
　　　　　　　　　　　그룹 출신

- **メンバー** : 명 멤버
- **有名(ゆうめい)だ** : 나형 유명하다
- **意外(いがい)だ** : 나형 의외다
- **地味(じみ)だ** : 나형 수수하다
- **不思議(ふしぎ)だ** : 나형 이상하다, 희한하다,
　　　　　　　　　불가사의하다
- **思(おも)う** : 동 생각하다
　　　　思った는 思う의 과거형
- **魅力(みりょく)** : 명 매력
- **なるほど** : 부 과연, 정말

1. な형용사의 과거형

이번에는 '그녀는 너무 예뻤다'처럼 な형용사의 과거형을 만들어볼까요? な형용사의 과거형은 어간 뒤에 「だった」만 붙이면 만사 OK! 너무 쉽지요?

어간 + だった	=	~했다/~웠다
快適(かいてき) + だった	=	快適(かいてき)だった

例 ① ヘアスタイルが変(へん)だ → ヘアスタイルが変(へん)だった
　　 헤어스타일이 이상하다　　　　 헤어스타일이 이상했다

　② 二人(ふたり)は幸(しあわ)せだ → 二人(ふたり)は幸(しあわ)せだった
　　 둘은 행복하다　　　　　　　　 둘은 행복했다

단어 ヘアスタイル 헤어스타일 | 変だ 이상하다 | 幸せだ 행복하다

2. 과거형의 정중한 표현

な형용사 과거형의 정중한 표현을 만드는 방법에는 두 가지가 있습니다. な형용사의 과거형 「だった」에 「です」만 붙이면 정중한 표현이 완성됩니다. 두 번째로 な형용사의 정중형인 「です」를 과거형인 「でした」로 바꾸는 방법도 있어요. 한 번 볼까요?

어간 + だった + です	=	~했어요
어간 + でした	=	했습니다
快適(かいてき) + だった + です	=	快適(かいてき)だったです
快適(かいてき) + でした	=	快適(かいてき)でした

例 ① ヘアスタイルが変(へん)だ → ヘアスタイルが変(へん)だったです。/変(へん)でした。
　　 헤어스타일이 이상하다　　　　 헤어스타일이 이상했어요./ 이상했습니다.

　② 二人(ふたり)は幸(しあわ)せだ → 二人(ふたり)は幸(しあわ)せだったです。/幸(しあわ)せでした。
　　 둘은 행복하다　　　　　　　　 둘은 행복했어요. / 행복했습니다.

3. な형용사의 과거 부정형

な형용사의 '~하지 않았다' 표현은 어떻게 만들면 좋을까요? 어간 뒤에「ではなかった」만 붙이면됩니다. 한 번 볼까요?

어간 + ではなかった　　=　　~하지 않았다
有名(ゆうめい) + ではなかった　=　有名(ゆうめい)ではなかった

例 ① きらいだ　→　きらいではない　→　私(わたし)は彼(かれ)のことがきらいではかった。
　　　　싫다　　　　　싫지 않다　　　　　나는 그가 싫지 않았다

　② 親切(しんせつ)だ　→　親切(しんせつ)ではない　→　新(あたら)しいカフェのウェートレスは親切(しんせつ)ではなかった。
　　　친절하다　　　　　친절하지 않다　　　　　새로 생긴 카페의 웨이트리스는 친절하지 않았다.

단어 ウェートレス 웨이트리스 | 親切(しんせつ)だ 친절하다 | ダイエット 다이어트 | 大変(たいへん)だ 힘들다, 큰일이다

4. 과거부정형의 정중한 표현

과거부정형의 정중한 표현에도 두 가지가 있습니다. 우선 い형용사와 마찬가지로「なかった」에 무조건 です를 붙이면 정중한 표현이 완성됩니다. 이건 너무 쉽지요? 또 하나!「なかったです」는 바로「ではありませんでした」로 바꾸어 쓸 수 있다는 것! 감이 오시죠? 한 번 연습해 볼까요?

어간 + ではなかったです/ではありませんでした　=　~지 않았어요/않았습니다.
有名(ゆうめい) + ではなかったです/ではありませんでした
　　　　=　有名(ゆうめい)ではなかった/ 有名(ゆうめい)ではありませんでした

例 ① 私(わたし)は彼(かれ)のことがきらいではかったです。/きらいではありませんでした。
　　　나는 그가 싫지 않았어요. / 싫지 않았습니다.

　② 新(あたら)しいカフェのウェートレスは親切(しんせつ)ではなかっです。/親切(しんせつ)ではありませんでした。
　　　새로 생긴 카페의 웨이트리스는 친절하지 않았어요. / 친절하지 않았습니다.

나홀로족의 천국
일본

나홀로족을 아시나요?

한 조사에 따르면 한국의 직장인 2명 중 1명은 자신을 '나홀로족'이라고 생각하고 있는 것으로 나타났다고 합니다. 나홀로족은 자신만의 공간을 좋아하고 혼자서 행동하고 노는 것을 즐기는 이들을 말하는데요, 다른 사람과의 접촉이나 사회와의 소통을 두려워하고 집단생활을 기피하는 **ひきこもり**은둔형 외톨이나 결혼 여부에 의해 결정되는 싱글족과는 다른 부류로, 자신의 자유의사로 혼자만의 시간을 통해 자기만족과 즐거움을 얻는 사람들이랍니다. 20~30대를 중심으로 나홀로족은 점차 늘어가는 추세에 있지요.

여기서 잠깐! 나홀로족과 일본이 어떤 관련이 있냐고요?

우리나라에 나홀로족이 많이 늘어났다고는 하지만 아직까지 우리나라에서는 점심 시간에 밥을 혼자 먹겠다고 하면 동료들에게 '이상한 사람' 취급을 받는다거나 **焼肉屋**갈비집 같은 곳에서는 혼자든 둘이든 간에 **一人前**1인분을 시키면 '숯불 피우는 값도 안 나온다'고 종업원으로부터 핀잔을 듣게 될지도 모르겠네요. 그러나 이

모두가 일본에서는 아무렇지도 않은 일. 나홀로족 천국인 일본에서는 '나홀로족'을 위해 갈비 1인 분도 주문할 수 있는 '미니갈비집'도 있고요, 혼자서 TV를 보면서 라면을 먹을 수 있는 칸막이식 일인용 라면집. 또 혼자 갈 수 있는 여행 상품을 비롯해서 나홀로족을 위한 일인용 상품들이 잘 갖추어져 있답니다.

사회가 점점 풍요로워지면서 가족전체가 생계에 매달렸던 그 시절과 달리 '즐길 수 있는 여유'가 생겨나는 한편, '혼자'라는 것은 더 이상 청승맞은 것이 아니라 나만의 삶을 즐기는 주체적인 행동, 더 나아가 '분위기 있는' 매력이라는 등의 '혼자'에 대한 관점의 변화, 그리고 사람과 사람 사이에서 늘 치이고 살 수 밖에 없는 현대인들의 입장에서 상대방에게 맞추고 조율하는 시간에 나혼자 편하게 즐기고 말겠다는 가치관의 변화들이 나홀로족 증가를 한층 가속화시킨 요인이 아닐까 생각됩니다.

일본이든 한국이든 이제 하나의 사회적 현상으로, 그리고 어엿한 '족'으로 분류되게 된 이 나홀로족은 비즈니스와 마케팅 전략에도 큰 변화의 바람을 불러 일으키고 있는 것만은 사실인 것 같네요.

이미 일본에서 'お一人様メニュー일인용 메뉴'에 충실하지 못한 음식점은 오래 가지 못한다나요. 아무튼 '뭉치면 살고 흩어지면 죽는다'던 옛 어른들의 말씀이 무색해지는 요즘입니다.

18

やっぱりピンクの方が きれいでしょう。

ほう

역시 핑크가 예쁘지?

 화장하기! 🎧 Track 075

■	けしょうひん	化粧品	화장품
1	けしょうすい	化粧水	스킨
2	にゅうえき	乳液	로션
3	アイクリーム		아이크림
4	水分クリーム		수분크림
5	マッサージクリーム		맛사지크림
6	パック		팩
7	ひやけどめ	日焼け止め	자외선차단제
8	メークアップベース		메이크업베이스
9	ファンデーション		파운데이션
10	パウダー		파우더
11	アイシャドー		아이섀도
12	アイライナー		아이라이너
13	アイブロー		아이브로우
14	マスカラ		마스카라
15	チーク		볼터치
16	パール		펄
17	リップスティック/ルージュ/くちべに	口紅	립스틱
18	リップグロス		립글로스
19	こうすい	香水	향수
20	マニキュア		매니큐어

 학습목표

な형용사 – 추측, 동의, 가정 표현

이 장에서는 な형용사의 추측표현, 동의를 구하는 표현, 가정표현에 대해 알아보도록 하겠습니다.

やっぱりピンクの方^{ほう}が きれいでしょう。

🎧 Track 076

ミ ホ　うわー、この口紅^{くちべにちょう}超かわいいですよ、先輩^{せんぱい}。

スジン　ねぇ、それより、このアイシャドー、どっちがきれい？

ミ ホ　先輩^{せんぱい}は小顔^{こかお}にデカ目^めですから、何^{なん}でもお似合^{にあ}いですよ。

スジン　でも、やっぱりピンクの方^{ほう}がきれいでしょう。

　　　　でも、やっぱりピンクの方^{ほう}がかわいいでしょう。

ミ ホ　そろそろ秋^{あき}ですから、ゴールドかブラウン系^{けい}のカラーの方^{ほう}がいいんじゃないですか。

スジン　だ〜め。ピンクは女^{おんな}の子^この特権^{とっけん}なの！

선배님~ 넘 예뻐요!

역시 핑크!

🚩 **TIP**

• お似合い：잘 어울림
お似合(にあ)い는 동사의 어울리다 似合(にあ)う의 명사 표현인 似合(にあ)い에 お를 붙인 표현으로 잘 어울림, 걸맞음이라는 뜻의 표현입니다. 보통 옷이나 액세서리 등의 물건이 그 사람에게 잘 어울릴 때도 쓰지만 お似合(にあ)い夫婦 잘 어울리는 부부나 お似合(にあ)いカップル 잘 어울리는 커플처럼 사람과 사람의 조화를 표현할 때도 쓴답니다.

현지 동영상 에서는

• でも、やっぱりピンクの方(ほう)がかわいいでしょう。라는 표현을 사용했죠?
'예쁘다'는 뜻의 な형용사 きれいだ와 '귀엽다'는 뜻의 い형용사 かわいい, 비슷한 뜻 같지만 사실 일본의 여성들은 예쁜 외모를 얘기할 때나 예쁜 물건을 봤을 때, きれい!보다는 かわいい!라고 표현하는 것을 더 좋아하더라구요.

역시 핑크가 예쁘지?

미호: 우와, 이 립스틱 완전 예뻐요, 선배님.

수진: 있잖아, 그것보다 이 아이섀도 어느 쪽이 예뻐?

미호: 선배님은 얼굴도 작고 눈도 크니까 뭐든지 잘 어울려요.

수진: 그래도 역시 핑크가 예쁘지?
　　　그래도 역시 핑크가 귀엽지?

미호: 슬슬 가을이니까 골드나 브라운 계열 컬러 쪽이 좋지 않을까요?

수진: 안돼. 핑크는 여자의 특권이야!

 단 어

- うわー : 〔감〕 와~
- 口紅(くちべに) : 〔명〕 립스틱
- かわいい : 〔형〕 귀엽다. 예쁘다
- アイシャドー : 〔명〕 아이섀도
- どっち : 〔명〕 어느 쪽
- きれいだ : 〔な형〕 예쁘다. 깨끗하다
- 小顔(こがお) : 〔명〕 작은 얼굴
- デカ目(め) : 〔명〕 큰 눈
- 何(なん)でも : 〔부〕 뭐든지
- お似(に)合(あ)い : 〔명〕 어울림

- やっぱり : 〔부〕 역시
- ピンク : 〔명〕 핑크
- そろそろ : 〔부〕 슬슬
- 秋(あき) : 〔명〕 가을
- ゴールド : 〔명〕 골드
- ブラウン : 〔명〕 브라운
- カラー : 〔명〕 컬러
- 特権(とっけん) : 〔명〕 특권

あした暇だったら、
一緒にネイルサロンでもどう？

 Track 077

ソヨン	このごろ忙しくて、全然つめの手入れもできなかったんだよね。
スジン	あした暇だったら、一緒にネイルサロンでもどう？
ソヨン	いいね。でも午前中はバイトだから、ちょっと無理かも。
スジン	じゃあ、夕方なら大丈夫なのね。
	じゃあ、夕方は大丈夫だよね。
ソヨン	いいよ。じゃ、私はヒョウ柄で決まり！
スジン	私はピンクのグラデーション！
ソヨン	もうまったく、ピンク好きなんだから。
	今どきピンクはちょっとダサくない？
スジン	大きなお世話。

핑크가 좋아!

 TIP

현지 동영상
에서는

- じゃあ、夕方は大丈夫だよね。 라고도 표현해 봤어요.

- ダサい : 촌스럽다

ダサい는 촌스럽다는 뜻으로 젊은이들이 많이 사용하는 속어적 표현이예요. 1970년대부터 관동지방의 젊은이들을 중심으로 사용되기 시작한 단어인데요, 젊은이들 사이에서 은어로 쓰이다가 1970년대에 들어서 폭넓게 쓰이기 시작했다고 합니다. 1980년대에 들어서는 소멸되었다네요. 속어적 표현이므로 공식적인 자리에서는 쓰지 않는 것이 좋아요.

- 大(おお)きなお世話(せわ) : 상관하지마

世話는 남을 보살펴 주다라는 뜻도 있지만 '성가심, 번거로움, 참견'이라는 뜻으로도 쓰이는데요. 상대의 말이 참견이라고 생각될 때 받아치는 말로서 흔히 사용되는 표현이 바로 '大(おお)きなお世(せ)話(わ)です'입니다. 우리말로 하자면 '쓸데없는 참견이에요', '상관하지 마세요'의 의미랍니다.

내일 한가하면 같이 네일샵 어때?

소영 : 요즘 바빠서 전혀 손톱 손질도 못했어.

수진 : 내일 한가하면 같이 네일샵 어때?

소영 : 그거 괜찮다.

그런데 내일 오전 중에는 알바가 있어서 좀 힘들지도 몰라.

수진 : 그럼 저녁이라면 괜찮은 거지?

소영 : 좋아. 그럼 난 호피무늬로 결정!

수진 : 응, 난 핑크 그라데이션.

소영 : 참 나. 핑크 너무 좋아한다니깐. 요즘 핑크는 좀 촌스럽지 않니?

수진 : 상관하지마.

- このごろ : 몡 요즘
- 忙(いそが)しい : い형 형 바쁘다
- 全然(ぜんぜん) : 몡 전혀
- つめ : 몡 손톱
- 手入(てい)れ : 몡 손질
- できなかった : 동 못했다
- あした(明日) : 몡 내일
- 暇(ひま)だ : 낭형 한가하다
- 一緒(いっしょ)に : 부 함께
- ネイルサロン : 몡 네일 샵
- 午前中(ごぜんちゅう) : 몡 오전 중

- バイト : 몡 아르바이트
- 無理(むり)だ : 낭형 무리
- 夕方(ゆうがた) : 몡 저녁
- ヒョウ柄(がら) : 몡 호피무늬
- 決(き)まり : 몡 결정
- グラデーション : 몡 그라데이션
- ～好(ず)き : ～을 좋아함
- 今(いま)どき : 몡 요즘, 요새
- ダサい : い형 촌스럽다
- 世話(せわ) : 몡 신세, 돌봐줌

18 카페에서 쓰는 일본어

1. な형용사의 추측 표현

な형용사의 어간에 「だろう」와 「でしょう」를 붙이면 두 가지 용법으로 활용할 수 있는데, 첫 번째가 '~일 것이다/~일 것입니다'라는 추측 표현, 두 번째가 '~하지?/ ~하지요?'처럼 상대방에게 동의를 구하는 표현입니다.

「だろう」는 가까운 사이나 친구끼리, 「でしょう」는 정중한 표현이라는 것을 기억하면서 우선 추측 표현부터 알아볼까요?

어간 + だろう/ でしょう =	~하겠지, ~할 것이다 / ~하겠지요, ~할 것입니다
きれい + だろう/でしょう =	きれいだろう/きれいでしょう

例 ① 無理だ → 無理だろう → このままだと、留学は無理だろう。
　　무리다　　무리일 것이다　　이대로라면 유학은 무리일 것이다.

② 静かだ → 静かでしょう → 朝一のバスは人が少なくて静かでしょう。
　조용하다　　조용할 것입니다　　첫 차는 사람이 적어서 조용할 것입니다.

③ 幸せだ → 幸せでしょう → 一人より二人の方がもっと幸せでしょう。
　행복하다　　행복할 것입니다　　하나 보다 둘이 더 행복할 것입니다.

단어 留学(りゅうがく) 유학 | 朝一(あさいち) 그날 아침 첫 번째로 하는 것 | 静(しず)かだ 조용하다

2. な형용사의 동의를 구하는 표현

다음으로 상대방에게 동의를 구하는 표현을 알아보도록 하겠습니다. 활용하는 방법은 추측 표현과 마찬가지로 기본형(い) + だろう/ でしょう라는 것 잊지 않으셨지요? 단 끝을 살짝 올려서 질문하는 듯이 말해야 한다는 것을 기억해 둡시다.

어간 + だろう/ でしょう =	~하지?/ ~하지요?
きれい + だろう/でしょう =	きれいだろう/きれいでしょう

例 ① 簡単だ　　　→ 簡単だろう　　　→ ほら、意外と簡単だろう?
　　간단하다　　　　간단하지　　　　　　이것 봐, 의외로 간단하지?

　② 平気だ　　　→ 平気でしょう　　→ 辛いもの好きなんだから、これくらいは平気でしょう?
　　아무렇지 않다　아무렇지 않지요?　매운 거 좋아하니까 이 정도는 아무렇지 않지요?

　　単語　簡単(かんたん)だ 간단하다 | 平気(へいき)だ 아무렇지 않다. 태연하다. 끄떡없다

■ 일본어에는 여성이 쓰는 표현과 남성이 쓰는 표현이 각각 다른 경우가 많은데요.「だろう」의 경우에는 남자들
　이 많이 쓰는 표현으로 여성들은「でしょう」. 더 친한 사이에서는「でしょ」를 많이 씁니다.

3. な형용사의 가정표현

な형용사의 가정표현 중 가장 일반적으로 사용되는「ば, たら」표현은 어떻게 활용하면 될까요?
그런데「ば, たら」는 활용 방법이 각각 다른데요. 먼저「ば」는 어간에「なら(ば)」를 붙이고「たら」는
어간에「だったら」를 연결하면 됩니다. 차례대로 살펴 볼까요?

| な형용사 어간 + なら(ば)　=　~면, ~하면, ~한다면 |
| 暇 + なら(ば)　=　暇なら(ば) |

例 ① 無理だ　　　→ 無理なら(ば)　　→ あしたが無理なら(ば)あさってでもいいわよ。
　　무리다　　　　무리라면　　　　　　내일이 무리라면 모레도 괜찮아.

　② 幸せだ　　　→ 幸せなら(ば)　　→ あなたさえ幸せなら(ば)私はそれでいいのよ。
　　행복하다　　　행복하다면　　　　　당신만 행복하다면 난 그걸로 좋아.

| な형용사 어간 + だったら　=　~면, ~하면, ~한다면 |
| 暇 + だったら　=　暇だったら |

例 ① 簡単だ　　　→ 簡単だったら　　→ テストなんだから、こんなに簡単だったら意味がないじゃない。
　　간단하다　　　간단하면　　　　　　시험이니까 이렇게 간단하면 의미가 없잖아.

　② 平気だ　　　→ 平気だったら　　→ 甘いもの平気だったら、このティラミスどう?
　　아무렇지 않다　아무렇지 않다면　단 거 괜찮으면 이 티라미수 어때?

199

일본의 식사 매너와 젓가락 문화

같은 쌀밥에 반찬을 먹고 똑같이 **お箸**(はし)젓가락을 쓰는 문화인데 거기서 거기 아니겠냐구요? 하지만 이렇게 생각한다면 오산! 우리와는 조금 다른, 그래서 더 흥미로운 일본의 식사 매너에 대해 함께 알아봅시다.

이런 행동 어떤가요?

식사 때 밥 공기를 들고 먹는다?

일본 드라마를 보면 밥을 먹는 장면에서 **お椀**(わん) 밥 공기를 들고 젓가락으로 입에 밀어 넣듯 먹는 모습을 많이 볼 수 있지요? 우리가 보기에는 집안 어른들께 한 소리 들을 법한 광경이지만 일본에서는 오히려 밥공기를 들고 먹는 게 예의에 어긋나지 않는 행동이랍니다. 옛날 일본 무사시대에는 전쟁이 많았다고 해요. 그래서 가급적 빨리 식사를 해야만 했던 시절부터 내려 온 습관이라나요. 여기에 국도 숟가락으로 떠먹는 것이 아니라 손에 국그릇을 들고 후루룩 마시고 건더기는 젓가락으로 입에 밀어 넣듯이 먹는답니다. **スプーン** 숟가락은 서양식 요리를 먹을 때나 중화요리를 먹을 때만 사용한다는 이미지가 있어 음식점에서 숟가락을 부탁하면 가끔 아이들용 숟가락이나 **レンゲ** 중국식 숟가락을 갖다 주는 곳도 있답니다. 보통은 모두 젓가락만으로 식사를 하니까요.

면은 소리 내서 후루룩 후루룩 먹는다?

일본 사람들처럼 면을 좋아하는 민족이 없다지요? **うどん** 우동에 **そば** 메밀국수, **ラーメン** 라면 등 일본의 국수 역사는 우리나라나 중국보다는 짧지만, 국수 사랑은 두 나라 못지않을 것 같네요. 그래서 그런지 일본 사람들은 유명한 라면집이나 우동집이라면 한 시간이고 두 시간이고 줄을 서서 기다렸다가 먹곤 해요. 아무튼 맛있는 면을 만들어 준 주인에 대한 예우인지 몰라도, 국수를 먹을 때는 젓가락으로 면을 집어 입에 대고 후루룩 소리를 내면서 국수가 거의 입에서 떨어지지 않을 정도로 먹는 게 예의라고 하네요. 다른 음식은 조용히, 그러나 면만은 예외!! 마음껏 소리내면서 먹어봅시다.

젓가락 사용에 담긴 한-일간 음식 문화 차이

한국, 일본 모두 젓가락 문화라는 공통점을 갖고 있어요. 그런데 한국 젓가락과 일본 젓가락은 자세히 보면 조금은 다르다는 것 눈치 채셨나요? 가장 큰 차이는 재질. 한국에서는 예로부터 놋쇠 등으로 만든 무거운(?) 젓가락에 익숙한 문화라 그
런지 지금 사용하는 젓가락도 스테인리스 재질이 많지요?
이에 비해 일본은 나무로 만든 젓가락을 사용합니
다. 그래서 한국에 관광 온 일본 사
람들이 한국 식당에서 젓가
락을 사용하다가 그 무게
가 익숙치 않아 팔목을 삐었다
는 우스갯소리도 있어요.

게다가 일본인들에게는 젓가락과 관련된 여러 고집이 있는데요, 집에서도 개인 전용 젓가락을 사용한다거나 시중에 나와 있는 다양한 디자인과 색상의 젓가락 중에서 자신의 취향에 맞는 것을 골라서 쓰기도 한다는 것이예요. 필자가 아는 어떤 아주머니는 계절별로 젓가락을 바꾸어 쓴다고 해서 놀란 적도 있고, 게다가 심한 사람은 자신의 젓가락을 음식점에까지 가져가서 사용한다고 하니, 우리가 보기에도 재미있는 고집이지요?
그런데 일본인과 식사할 때 절대적으로 지켜야 할 젓가락 매너가 있어요. 우리는 보통 식사 중에 젓가락으로 음식을 집어 상대방에게 옮겨 주고 건네 주기도 하지요? 이럴 때 상대방이 내민 젓가락에서 젓가락으로 음식을 건네주는 것은 일본에서는 금기사항입니다. 왜냐하면 일본에서는 젓가락으로 무언가를 주고받는 행위는 お葬式^{そうしき}장례식에서만 합니다. 화장하고 난 후, 친족들이 일렬로 서서 고인의 유골을 젓가락으로 주워 옆 사람 젓가락으로 옮겨서 유골함에 넣기 때문에 젓가락에서 젓가락으로 물건을 옮기는 행위는 장례식장과 같은 상황에서만 할 수 있는 것이지요. 자세히 보면 일본에서 젓가락의 역할이 식사뿐 아니라 여러 면에서 용도가 많았기 때문에 이러한 문화가 생겼던 것은 아닌가 하는 생각도 드네요. 어찌 되었건 한국도 일본도 젓가락은 빼 놓을 수 없는 식사 도구인 것만은 틀림 없습니다. 서로의 젓가락 매너를 잘 지켜서 더욱 즐거운 식사 시간을 보낼 수 있도록 합시다.

19

電車って正確さが 第一なのにね。

でんしゃ　せい　かく　だい　いち

전철은 정확함이 생명인데 말야.

대중교통 이용하기　🎧 Track 078

⬛ こうつう	交通	교통
⬛ くるま	車	차
⬛ じどうしゃ	自動車	자동차
1 でんしゃ	電車	전철
2 ちかてつ	地下鉄	지하철
3 バス		버스
4 タクシー		택시
5 きしゃ	汽車	기차
6 しんかんせん	新幹線	신칸센
7 じてんしゃ	自転車	자전거
8 バイク/オートバイ		오토바이
9 ひこうき	飛行機	비행기
10 ふね	船	배
11 えき	駅	역
⬛ みち	道	길
12 どうろ	道路	도로
13 のりば	乗り場	승강장
14 バスてい	バス停	버스정거장
⬛ きっぷ	切符	표
⬛ チケット		티켓
⬛ のりかえ	乗り換え	환승

な형용사

이 장에서는 な형용사의 명사화 용법과 부사화 용법 그리고 '～になる'변화 표현에 대해 알아보도록 하겠습니다.

⑬

電車_{でんしゃ}って正確_{せいかく}さが第一_{だいいち}なのにね。

🎧 Track 079

ソヨン　まったく、おかしいな。

スジン　うん？急_{きゅう}にどうしたの？

ソヨン　今日_{きょう}の終電_{しゅうでん}、遅_{おそ}いわ。もう 35 分_{ふん}だよ。

スジン　へえ、ホントだ。電車_{でんしゃ}って正確_{せいかく}さが第一_{だいいち}なのにね。

ソヨン　うち、12 時_じが門限_{もんげん}なの。これじゃ間_まに合_あわないわ。

スジン　うそ！門限_{もんげん}？ソヨンちゃんの家_{うち}、意外_{いがい}と厳_{きび}しいのね。

　　　　　なんか面白_{おもしろ}い。

ソヨン　面白_{おもしろ}くもなんともないよ。

　　　　　少_{すこ}しは心配_{しんぱい}しなさいよ、友達_{ともだち}なんでしょ？

너는 신데렐라?

통금 시간이 다가와!

TIP

- ~が第一(だいいち)だ : ~이 가장 중요하다, 으뜸이다, 생명이다.

  '~이 가장 중요하다, 으뜸이다'라는 말을 바꿔 말하면 '~이 생명이다'라는 뉘앙스를 갖는 표현이예요. 회사라면 신용이 생명이다 会社(かいしゃ)なら信用(しんよう)が第一(だいいち)だ 학생이라면 공부가 가장 중요하다 学生(がくせい)なら勉強(べんきょう)が第一(だいいち)だ와 같은 표현으로도 써볼 수

있겠네요.

- ソヨンちゃんの家(うち) : 소영이네 집

  누구누구네 집이라고 할 때 ~の家(いえ) 또는 ~の家(うち)라고 하는데요. 이것을 짧게 줄여서 이름+ん+家(ち), さん·ちゃん·くん+家(ち)라고도 말합니다. 일반적으로 젊은 친구들이 쓰는 약간은 은어적 표현이기도 하답니다.

전철은 정확함이 생명인데 말야.

소영 : 거참 이상하네.

수진 : 응? 갑자기 왜 그래?

소영 : 오늘 막차 늦네. 벌써 35분이야.

수진 : 어머 진짜네. 전철은 정확함이 생명인데 말야.

소영 : 우리 집 12시가 통금이야. 이러면 시간 안에 못 가.

수진 : 진짜? 통금이라고? 소영네집 의외로 엄하구나. 좀 재미있는데?

소영 : 뭐가 재미있어. 너도 걱정 좀 해봐. 친구 맞니?

- **まったく** : 🐤 전혀, 정말이지, 거참, 참나
- **急(きゅう)だ** : [な형] 급하다, 갑작스럽다, 느닷 없다
- **終電(しゅうでん)** : 🅜 막차(전철)
- **正確(せいかく)だ** : [な형] 정확하다
- **第一(だいいち)だ** : [な형] 으뜸이다, 가장 중요 하다
- **門限(もんげん)** : 🅜 통금, 폐문시간
- **間(ま)に合(あ)わない** : 🐂 시간에 대지 못하 다, 늦다
- **大変(たいへん)だ** : [な형] 큰일이다
- **意外(いがい)だ** : [な형] 의외다
- **厳(きび)しい** : [い형] 엄하다
- **心配(しんぱい)だ** : [な형] 걱정이다
- **しなさい** : 🐂 ~하세요, ~해

どうしても上手にならない。

Track 080

スジン ソヨンちゃんの中国旅行、いつだっけ？

ソヨン いよいよ来週のゴールデンウィークからよ。超楽しみ！

スジン だからあんなに中国語の勉強に夢中だったのね。

ソヨン でも、どうしても上手にならない。私って頭悪いのかな。

スジン 外国語ってすぐに上手になるものじゃないよ。

ソヨン それはそうだけど……。

벼락치기는 안될까?

외국어 공부는 꾸준하게!

TIP

• っけ : ~더라
  자신의기억이 맞는지 확인하거나 옛일을 회상할 때 쓰는 표현으로 끝을
  의문문으로 올리면기억을 확인할 때, 그것게 先週(せんしゅう)だっけ
  그게 지난주였던가처럼 회상을 할 때는 끝을 내려서 말하면 됩니다.

아무리 해도 늘지 않아.

수진: 소영이 중국 여행 언제였더라?

소영: 드디어 다음 주야. 완전 기대돼!

수진: 그래서 그렇게 중국어 공부에 빠져 있었던 거구나.

소영: 그런데 아무리 해도 늘지 않아. 내 머리가 나쁜걸까?

수진: 외국어란 금방 잘하게 되는 게 아니야.

소영: 그건 그렇지만…….

- **中国(ちゅうごく)** : 몡 중국
- **旅行(りょこう)** : 몡 여행
- **いつ** : 몡 언제
- **いよいよ** : 뭐 드디어
- **来週(らいしゅう)** : 몡 다음 주
- **ゴールデンウィーク** : 몡 황금연휴, 골든위크
- **超(ちょう)** : 뭐 완전, 짱 등 요즘 젊은이들이 많이 쓰는 은어
- **楽(たの)しみ** : 몡 기대, 즐거움
- **だから** : 젭 그러니까, 그래서
- **あんなに** : 뭐 그렇게

- **中国語(ちゅうごくご)** : 몡 중국어
- **勉強(べんきょう)** : 몡 공부
- **夢中(むちゅう)だ** : 나형 열중하다
- **どうしても** : 뭐 아무리 해도
- **頭(あたま)** : 몡 머리
- **悪(わる)い** : 이형 나쁘다
- **かしら** : 종조사 ～일지 몰라, 주로 여성이 쓰는 말
- **外国語(がいこくご)** : 몡 외국어
- **すぐに** : 뭐 금방

1. な형용사의 명사화

な형용사의 명사화는 어떻게 활용이 되는 걸까요? 함께 알아보도록 합시다.

(1) な형용사의 어간 + さ

먼저 い형용사와 마찬가지로 な형용사 어간 뒤에 「さ」를 붙이는 방법이 있습니다.

な형용사의 어간 + さ = ~함
正確<ruby>せいかく</ruby>だ → 正確<ruby>せいかく</ruby> + さ = 正確<ruby>せいかく</ruby>さ

例
豊<ruby>ゆた</ruby>かだ 풍요롭다 → 豊<ruby>ゆた</ruby>か + さ = 豊<ruby>ゆた</ruby>かさ 풍요로움

静<ruby>しず</ruby>かだ 조용하다 → 静<ruby>しず</ruby>か + さ = 静<ruby>しず</ruby>かさ 조용함

柔<ruby>やわ</ruby>らかだ 부드럽다 → 柔<ruby>やわ</ruby>らか + さ = 柔<ruby>やわ</ruby>らかさ 부드러움

複雑<ruby>ふくざつ</ruby>だ 복잡하다 → 複雑<ruby>ふくざつ</ruby> + さ = 複雑<ruby>ふくざつ</ruby>さ 복잡함

(2) な형용사의 어간

원래 な형용사의 어간은 그 형태가 명사와 비슷하지요? 다음과 같은 단어들은 원래 명사로 사용되다가 ~하다라는 뜻의 な형용사 어미 だ를 붙여 な형용사로 사용되는 단어들이랍니다.

な형용사의 어간
正確<ruby>せいかく</ruby>だ → 正確<ruby>せいかく</ruby> 정확하다 → 정확

例
適当<ruby>てきとう</ruby>だ 적당하다 → 適当<ruby>てきとう</ruby> 적당

元気<ruby>げんき</ruby>だ 건강하다 → 元気<ruby>げんき</ruby> 건강

便利<ruby>べんり</ruby>だ 편리하다 → 便利<ruby>べんり</ruby> 편리

正確<ruby>せいかく</ruby>だ 정확하다 → 正確<ruby>せいかく</ruby> 정확

自由<ruby>じゆう</ruby>だ 자유롭다 → 自由<ruby>じゆう</ruby> 자유

心配<ruby>しんぱい</ruby>だ 걱정이다 → 心配<ruby>しんぱい</ruby> 걱정

有名<ruby>ゆうめい</ruby>だ 유명하다 → 有名<ruby>ゆうめい</ruby> 유명

完全<ruby>かんぜん</ruby>だ 완전하다 → 完全<ruby>かんぜん</ruby> 완전

不便<ruby>ふべん</ruby>だ 불편하다 → 不便<ruby>ふべん</ruby> 불편

丁寧<ruby>ていねい</ruby>だ 정중하다 → 丁寧<ruby>ていねい</ruby> 정중

2. な형용사의 부사적 용법

'깨끗하게, 맑게, 자신 있게!'
어느 CF에 나오는 카피지요? 여기에서 깨끗하게!는 な형용사를 활용해서 어떻게 만들어보면 좋을까요? 먼저 깨끗하다가 「きれいだ」고, な형용사는 어간에 무엇인가를 붙여서 활용을 하니까 우선 「きれい」가 올 거라는 건 여러분 모두 짐작하시겠군요. 자 그럼 그 뒤에 붙여야 할 것은 무엇일까요? 짜자잔! 바로 「に」입니다. に는 우리가 처음 일본어를 배울 때 '(사람)~에게', '(장소)~에'라는 조사라고 배웠는데요, 여기에서는 '~하게'라는 부사적 용법으로 사용되게 됩니다.

な형용사의 어간 + に   =   ~하게
確か + に   =   確かに

例 ① 大切だ   →   大切に   →   地球を大切に。
　　소중하다　　　　소중하게　　　소중히 지구를 소중히.

② 丁寧だ   →   丁寧に   →   ポスターの字を丁寧に書く。
　　정중하다　　　　공들여　　　　포스터의 글씨를 공들여 쓰다.

> **단어** 大切(たいせつ)だ 소중하다 | 地球(ちきゅう) 지구 | 丁寧(ていねい)だ 정중하다. 공들이다 | ポスター 포스터 | 字(じ) 글씨 | 書(か)く 쓰다

3. な형용사의 になる 표현

い형용사의 「くなる」기억나시죠? な형용사에서는요, 어미를 「に」로 바꾸고 「なる」를 붙이면 「になる」 '~이/가 되다', '하게 되다', '~해지다'라는 뜻의 변화를 나타내는 표현으로 활용할 수 있습니다.

な형용사 어간 + に + なる   =   ~이/가 되다, ~하게 되다, ~해지다
夢中 + になる   =   夢中になる

例 ① 元気だ   → 元気になる   → 毎朝のジョギングは元気になる生活習慣です。
　　건강하다　　　건강해지다　　　매일 아침의 조깅은 건강해지는 생활습관입니다.

② じゃまだ   → じゃまになる   → 長くなった前髪がじゃまになってしょうがない。
　　방해다　　　　방해가 되다　　　　길어진 앞머리가 방해가 되어 견딜 수가 없다.

> **단어** 元気(げんき)だ 건강하다 | ジョギング 조깅 | 生活習慣(せいかつしゅうかん) 생활습관 | じゃまだ 방해다 | 前髪(まえがみ) 앞머리

209

일본의 황금연휴, 골든위크

일본사람들이 설연휴 다음으로 기다리는 연휴는? 바로 **ゴールデンウィーク**골든위크입니다. 매년 4월 말부터 5월 초에 걸친 **大型連休**장기연휴로, **黄金の連休**황금연휴 또는 **ゴールデンウィーク**골든위크Golden Week라고 부르지요. 이 말은 라디오나 TV프로그램에서 시청률이 가장 높은 시간대를 **ゴールデンタイム**골든타임이라고 하는 데에서 유래된 단어라고 해요.

♥♥ 날짜 별로 살펴보자면 4월 29일은 **昭和の日**쇼와의 날(옛 쇼와천황의 생일), 5월 1일은 **メーデー**노동절, 5월 3일은 **憲法記念日**헌법기념일, 5월 4일은 **みどりの日**식목일, 5월 5일은 **こどもの日**어린이날에다가 토, 일요일까지 더하면 아주 긴 연휴가 됩니다. **飛び石連休**징검다리 휴일로 휴가까지 받는다면 일주일은 기본, 8~9일까지 쉴 수 있는 긴긴 연휴가 되는 것이지요. 또 일본에는 **振り替え休日**대체휴일이라는 것이 있어서 일요일과 국경일이 겹쳤을 때에 그 다음 평일을 임시로 쉬게 해주기 때문에 일요일과 국경일이 겹쳐도 전혀 문제가 없답니다.

♥♥♥ 이 시기를 겨냥한 여행상품도 많이 등장합니다. 온천이나 자연체험처럼 푹 쉴 수 있는 여행이 있는가 하면, 고급호텔이나 유원지 등의 테마여행도 있지요. 골든위크에는 어느 곳이든 북적대는데다가 성수기라 숙박료도 비싸기 때문에 이 기간에 일본여행을 가는 것은 권하고 싶지 않아요. 일본 사람들도 비슷한 이유로 아예 큰 맘먹고 해외로 나가는 경우도 많은데요, 한국에서도 골든위크 기간에 한국을

찾는 일본인 관광객을 잡기 위한 전략을 세우고 있어요. 시내 한 호텔에서는 일본의 골든위크 기간 중 호텔 예약률이 90%에 달하고 이중 70%가 일본인 관광객이라고 하네요. 일본인 관광객이 가장 많이 찾는 하와이에서는 현지 사람들마저 골든위크 라는 단어를 사용할 정도라니 골든위크의 위력이 대단하지요?

♥♥♥♥ 골든위크를 기념한 이벤트도 일본 전국 각지에서 개최되는데, 이 기간에 열리는 유명한 축제로는 큐슈의 **九州博多どんたく祭り**하카타 돈타쿠 축제, 오키나와의 **沖縄那覇ハーリー祭り**나하하리 축제, 히로시마의 **広島フラワーフェスティバル**플라워 페스티벌, **浜松祭り**하마마츠 축제 등이 있어요.

♥♥♥♥♥ 한편, 골든위크에 대한 곱지 않은 시선도 있어요. 장기 휴일이 되다 보니, 국경일과 공휴일의 의미를 생각하지 않고 단순한 휴가로 생각하고 흥청망청 놀기만 한다는 점. 그리고 **五月病**5월병이라는 말이 있을 정도로 골든위크의 후유증도 무시할 수 없어요. 일본의 신학기는 3월의 봄방학이 끝난 4월에 시작하는데, 골든위크가 지나면 신학기 적응이 더 힘들고, 공부에 대한 집중도가 떨어진다고 하네요. 하지만, 그들에게 골든위크는 말 그대로 '황금연휴'인 것임에는 틀림없는 것 같네요.

부록

부록은 어휘를 폭넓게 익힐 수 있도록 준비된 주제별 단어와 일상생활에서 사용할 수 있는 실용적인 회화로 구성하여 좀 더 질 높은 회화를 구사할 수 있도록 돕고 있습니다.

폭넓은 어휘를 익혀보세요!

일상회화와 서바이벌 회화로 회화 실력을 길러요.

○ 일본의 지명

北海道地方	北海道	ほっかいどう	近畿地方	三重県	みえけん
				滋賀県	しがけん
東北地方	青森県	あおもりけん		京都府	きょうとふ
	岩手県	いわてけん		大阪府	おおさかふ
	宮城県	みやぎけん		兵庫県	ひょうごけん
	秋田県	あきたけん		奈良県	ならけん
	山形県	やまがたけん		和歌山県	わかやまけん
	福島県	ふくしまけん	中国地方	鳥取県	とっとりけん
関東地方	茨城県	いばらきけん		島根県	しまねけん
	栃木県	とちぎけん		岡山県	おかやまけん
	群馬県	ぐんまけん		広島県	ひろしまけん
	埼玉県	さいたまけん		山口県	やまぐちけん
	千葉県	ちばけん	四国地方	徳島県	とくしまけん
	東京都	とうきょうと		香川県	かがわけん
	神奈川県	かながわけん		愛媛県	えひめけん
中部地方	新潟県	にいがたけん		高知県	こうちけん
	富山県	とやまけん	九州地方	福岡県	ふくおかけん
	石川県	いしかわけん		佐賀県	さがけん
	福井県	ふくいけん		長崎県	ながさきけん
	山梨県	やまなしけん		熊本県	くまもとけん
	長野県	ながのけん		大分県	おおいたけん
	岐阜県	ぎふけん		宮崎県	みやざきけん
	静岡県	しずおかけん		鹿児島県	かごしまけん
	愛知県	あいちけん		沖縄県	おきなわけん

○ 신체부위

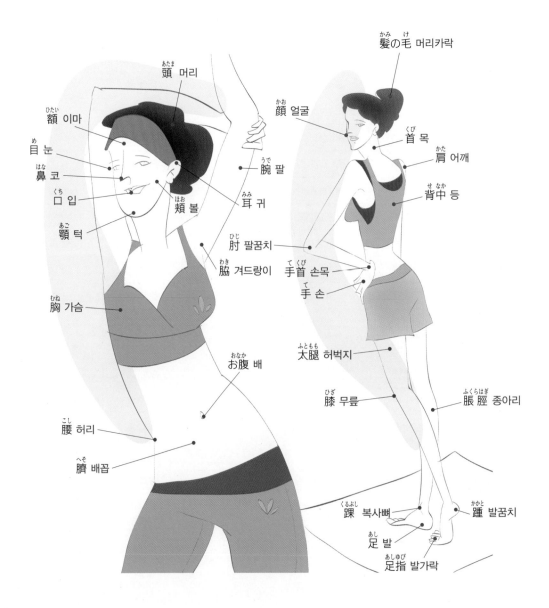

髪の毛 (かみ け) 머리카락

頭 (あたま) 머리

額 (ひたい) 이마

顔 (かお) 얼굴

目 (め) 눈

首 (くび) 목

鼻 (はな) 코

肩 (かた) 어깨

口 (くち) 입

頬 (ほお) 볼

背中 (せ なか) 등

顎 (あご) 턱

腕 (うで) 팔

耳 (みみ) 귀

肘 (ひじ) 팔꿈치

脇 (わき) 겨드랑이

手首 (て くび) 손목

手 (て) 손

胸 (むね) 가슴

お腹 (おなか) 배

太腿 (ふともも) 허벅지

膝 (ひざ) 무릎

脹脛 (ふくらはぎ) 종아리

腰 (こし) 허리

臍 (へそ) 배꼽

踝 (くるぶし) 복사뼈

踵 (かかと) 발꿈치

足 (あし) 발

足指 (あしゆび) 발가락

216

◉ 육류

ぎゅうにく	牛肉	쇠고기
とりにく	鶏肉	닭고기
ぶたにく	豚肉	돼지고기
たまご	卵	계란
ハム		햄
ソーセージ		소시지
ベーコン		베이컨

◉ 해산물

さかな	魚	생선
たい		도미
さんま		꽁치
イカ		오징어
たこ		문어
かい	貝	조개
ワカメ		미역
エビ		새우
のり	海苔	김
こんぶ	昆布	다시마

◉ 과일

すいか		수박
もも		복숭아
りんご		사과
いちご		딸기
オレンジ		오렌지
みかん		귤
ぶどう		포도
バナナ		바나나
かき	柿	감
くり	栗	밤
なし	梨	배
メロン		메론
チェリー		체리

◉ 야채

にんじん	당근
きのこ	버섯
きゅうり	오이
カボチャ	단호박
とうがらし	고추
ピーマン	피망
なす	가지
だいこん	무
ほうれんそう	시금치
たまねぎ	양파
ねぎ	파
にんにく	마늘
しょうが	생강
きゅうり	오이
キャベツ	양배추
トマト	토마토

● 직업

せんせい	先生	선생님
きょうじゅ	教授	교수
けいさつ	警察	경찰
がいこうかん	外交官	외교관
かいしゃいん	会社員	회사원
せいじか	政治家	정치가
こうむいん	公務員	공무원
ぎんこういん	銀行員	은행원
けいさつかん	警察官	경찰관
しょうぼうし	消防士	소방관
うんてんしゅ	運転手	운전수
ぜいりし	税理士	세무사
かいけいし	会計士	회계사
はいしゃ	歯医者	치과의사
いしゃ	医者	의사
べんごし	弁護士	변호사
つうやくし	通訳士	통역사
ほんやくか	翻訳家	번역가
けんちくか	建築家	건축가
きしゃ	記者	기자
かんこうがいど	観光ガイド	관광가이드
てんいん	店員	점원
すぽーつせんしゅ	スポーツ選手	운동선수
かしゅ	歌手	가수
じょゆう	女優	배우 / 여배우
がか	画家	화가
さっか	作家	작가
おんがくか	音楽家	음악가
げいじゅつか	芸術家	예술가

● 표지판

ひく	引く	당기시오
おす	押す	미시오
ひじょうぐち	非常口	비상구
だんしよう	男子用	남자용
じょしよう	女子用	여자용
いりぐち	入口	입구
でぐち	出口	출구
さつえいきんし	撮影禁止	촬영금지
たちいりきんし	立入禁止	출입금지
とまれ	止まれ	멈추시오

● 국가

かんこく	韓国	한국
にほん	日本	일본
ちゅうごく	中国	중국
アメリカ	米国	미국
カナダ		캐나다
オーストラリア		호주
イギリス		영국
フランス		프랑스
ドイツ		독일
イタリア		이태리
スイス		스위스
スペイン		스페인
スウェーデン		스웨덴
ポルトガル		포르투갈
オランダ		네덜란드
ノルウェー		노르웨이
ヨーロッパ		유럽
ロシア		러시아
ブラジル		브라질
コロンビア		콜롬비아

● 인터넷과 전자제품

パソコン		컴퓨터, PC
ノートパソコン		노트북
けいたい でんわ	携帯電話/ケータイ	휴대전화
メールアドレス		메일 주소
ハンドルネーム		닉네임
こうしきサイト	公式サイト	공식 사이트
かってサイト	勝手サイト	비공식 사이트
コミュ		카페(인터넷 커뮤니티)
チャット		채팅
オンラインゲーム		온라인 게임
コンシューマーゲーム		컨슈머 게임
ロールプレイングゲーム		롤 플레이 게임
スポーツゲーム		스포츠 게임
にんてんどう	任天堂	닌텐도
のうトレ	脳トレ	두뇌 트레이닝
タッチスクリーン		스크린
けいたいゲーム	携帯ゲーム	휴대전화 게임
デジカメ		디지털 카메라
カーナビ		내비게이션
でんしじしょ	電子辞書	전자사전
アイポッド		아이팟
デコでこ	デコ電	
		비즈나 페인팅 등으로 장식한 휴대전화
デコメール		컬러메일
マナーモード		매너 모드
ちゃくメロ	着メロ	착신 멜로디
ちゃくうた	着うた	원음벨
ちゃくボイス	着ボイス	보이스벨
どうが	動画	동영상

● 패스트 푸드

ファーストフード		패스트 푸드
ハンバーガー		햄버거
チーズバーガー		치즈버거
ビックマック		빅맥
チキンバーガー		치킨버거
ポテト/フライドポテト		감자튀김
サンドイッチ		샌드위치
サラダ		샐러드
チキンナゲット		치킨 너겟
チョコレートサンデー		초콜릿 선데
ピザ		피자
ホットドッグ		핫도그
ドーナッツ		도너츠
レディーセット		레이디 세트
ファミリーセット		패밀리 세트
おもちかえり	お持ち帰り	테이크 아웃
スターバックス	スタバー	스타벅스
ピザハット	ピザハ	피자헛
ケンタッキー・フライド・チキン		
	ケンタッキー	KFC
ミスタードーナツ	ミスドナ	미스터 도넛
マクドナルド	マック	맥도날드
サーティワンアイスクリーム		
	サーティワン	배스킨라빈스 31

알아두면 득이 되는 의성어와 의태어

うきうき	기분이 좋아서 마음이 들뜬 모양
がやがや	와글와글, 왁자지껄 (시끄럽게 떠드는 모양)
きらきら	반짝반짝
ぎりぎり	주어진 시간이나 넓이 등에 여유가 없는 모양, 빠듯함
くすくす	킬킬, 킥킥 (작은 소리로 웃는 모양)
ぐっすり	푹 (깊은 잠을 자는 모양)
くるくる	뱅글뱅글, 빙글빙글, 둘둘 (몇 겹으로 감는 모양)
こそこそ	소곤소곤, 살금살금 (몰래 하는 모양)
こつこつ	꾸준히, 부지런히, 똑똑, 딱딱 (단단한 물건끼리 부딪치는 소리)
こっそり	살짝, 남몰래
ごろごろ	데굴데굴 (큰 것이 구르는 모양), 우르르 (천둥이 울리는 소리)
ざあざあ	좍좍 (비가 계속 쏟아지는 소리)
さらさら	술술, 졸졸 (막힘없이 나아가는 모양), 물기없이 보송보송한 모양
すくすく	쑥쑥, 무럭무럭 (어린아이나 식물 등이 건강하게 자라는 모양)
すっきり	산뜻한 모양, 말끔하고 세련된 모양
すやすや	새근새근 (편안히 자는 모양)
つるつる	매끈매끈, 주르르 (미끄러지기 쉬운 모양)
はきはき	시원시원, 또렷또렷 (언행이 활발하고 분명한 모양)
はらはら	팔랑팔랑, 뚝뚝 (나뭇잎이나 물방울 등이 떨어지는 모양), 아슬아슬, 조마조마
ぶつぶつ	투덜투덜 (불평을 하는 모양)
ふらふら	비틀비틀, 휘청휘청 (몸이 휘청거리는 모양)
ぺこぺこ	꼬르륵 꼬르륵
わくわく	두근두근 (마음이 설레는 모양), 울렁울렁

○ 일상회화

1. 만났을 때 인사

만났을 때 나누는 인사말은 시간대에 따라 3가지로 구분됩니다.

(1) 아침 인사 : **おはよう ございます** 안녕하세요
오하요— 고자이마스

おはよう 안녕
오하요—

(2) 낮 인사 : **こんにちは** 안녕하세요
곤니치와　　　*わ[wa]로 읽을 것!

(3) 저녁 인사 : **こんばんは** 안녕하세요
곰방와

- **はじめまして** 처음 뵙겠습니다
하지메마시떼

- **おげんきですか** 잘 지내나요?
오겡끼데스까

- **げんき？** 잘 지내?
겡끼?

2. 헤어질 때 인사

- **さようなら** 안녕히 가세요
사요—나라

- **じゃあね** 그럼 안녕
쟈아—네

- **では, また あした** 그럼, 내일 봐
데와, 마따 아시따

- **バイバイ** 안녕
바이바이

3. 감사

- **ありがとう ございます** 감사합니다
아리가또— 고자이마스

- **サンキュー** 땡큐
상큐—

- **ありがとう** 고마워
아리가또—

221

4. 사과

- ごめんなさい 미안해요
  고멘나사이

- すみません 죄송해요
  스미마셍

- ごめん 미안
  고멘

5. 잠자기 전

- おやすみなさい 안녕히 주무세요
  오야스미나사이

- おやすみ 잘 자
  오야스미

6. 집을 나올 때

- いってきます 다녀오겠습니다
  잇떼키마스

- いってらっしゃい 잘 다녀오세요/잘 다녀와
  잇떼랏샤이

7. 귀가

- ただいま 다녀왔습니다
  타다이마

- おかえりなさい 어서 와
  오까에리나사이

8. 식사

- いただきます 잘 먹겠습니다
  이타다키마스

- ごちそうさま 잘 먹었습니다
  고치소-사마

- おいしいですね 맛있네요
  오이시-데스네

9. 축하

- おめでとうございます 축하드립니다
  오메데토-고자이마스

- おめでとう 축하해
  오메데토-

◉ 서바이벌 일본어

백화점에서

- いくらですか　얼마에요?
  이꾸라데스까

- 〜ください　〜주세요
  쿠다사이

- べつべつに　따로따로
  베츠베츠니

- 〜ありますか　〜있어요?
  아리마스까

- 少し高いですね　약간 비싸네요
  스코시 다카이데스네

레스토랑에서

- メニューをください　메뉴를 주세요
  메뉴-오 쿠다사이

- どれがおいしいですか　어느 것이 맛있나요
  도레가 오이시-데스까

- あれと同じものをください　저것과 같은 것을 주세요
  아레토 오나지모노오 쿠다사이

- お冷ください　찬물 주세요
  오히야 쿠다사이

- これをください　이것을 주세요
  코레오 쿠다사이

- お勘定おねがいします　계산해 주세요.
  오칸죠- 오네가이시마스

호텔에서

- 荷物を預かってください　짐을 맡아주세요
  니모츠오 아즈캇테 쿠다사이

- 預けたものをください　맡긴 것을 주세요
  아즈케타 모노오 쿠다사이

- 部屋に鍵を置き忘れました　방에 열쇠를 두고 나왔습니다
  헤야니 카기오 오키와스레마시타

- 国際電話をかけたいんですが　국제전화를 걸고 싶은데요
  코쿠사이뎅와오 카케타인데스가

- 現金で払います 현금으로 지불하겠습니다
  겡킨데 하라이마스

- カードでお願いします 카드로 하겠습니다
  카-도데 오네가이시마스

- 6時にモーニングコールお願いします 6시에 모닝콜 부탁합니다
  로쿠지니 모-닝구코-루 오네가이시마스

- 朝食は何時からですか 아침식사는 몇 시부터입니까?
  쵸-쇼쿠와 난지카라데스까

- 朝食はどこで食べますか 아침 식사는 어디서 합니까
  쵸-쇼쿠와 도코데 타베마스까

- 部屋は空いてますか 빈 방이 있습니까
  헤야와 아이떼마스까

- 一泊いくらですか 1박에 얼마입니까
  잇빠꾸 이쿠라데스까

- チェックアウトは何時ですか 체크이웃은 몇 시입니까
  쳇쿠아우토와 난지데스까

길 물어보기

- ～はどこですか ~는 어디입니까?
  와 도코데스까

- ～はどっちですか ~는 어느 쪽입니까?
  와 돗찌데스까

- ～まで行きたいんですが ~까지 가고 싶은데요
  마데 이키타인데스가

- ～まで行ってください ~까지 가 주세요
  마데 잇떼구다사이

- 料金はいくらですか 요금은 얼마입니까?
  료-킹와 이꾸라데스까

- 時間はどれぐらいかかりますか 시간은 어느 정도 걸립니까?
  지캉와 도레구라이 가카리마스까